I0110883

www.ingramcontent.com/pod-product-compliance
Lightning Source LLC
Chambersburg PA
CBHW030914090426
42737CB00007B/184

9781685682026

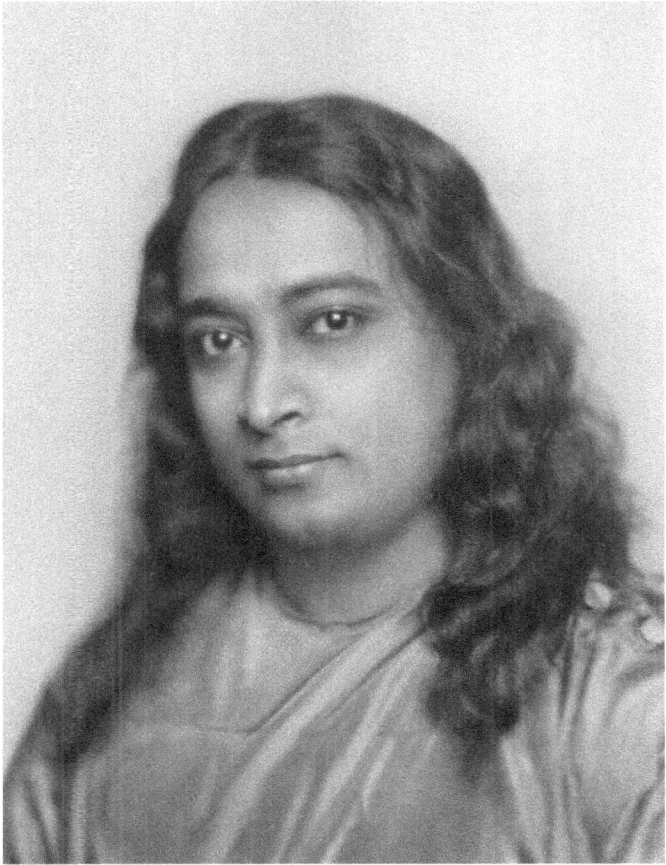

برمهنسا يوغانندا
(١٨٩٣ – ١٩٥٢)

حيثما يوجد النـــــور

مدركات وإلهامات
لمواجهة تحديات الحياة

مختارات من كتابات
برمهنسا يوغانندا

Self-Realization Fellowship
FOUNDED 1920 BY PARAMAHANSA YOGANANDA

نبذة عن هذا الكتاب: هذه المقتطفات من تعاليم برمهنسا يوغانندا ظهرت أصلاً في كتبه، وفي مقالات نُشرت في مجلة *Self-Realization* (المجلة التي أسسها في عام ١٩٢٥)، وفي غيرها من مطبوعات Self-Realization Fellowship. المختارات التي يتضمنها هذا الكتاب تم انتقاؤها من كتابات ومحاضرات شري يوغانندا وأحاديثه غير الرسمية لتقديم مجموعة من الاقتباسات تكون في متناول القراء، بحيث يتسنى لهم الرجوع إليها بسرعة وسهولة من أجل الحصول على التشجيع والمشورة التنويرية حول مجموعة متنوعة من الموضوعات. كتاب حيثما يوجد النور *(Where There Is Light)* وجد جمهوراً واسعاً من المقدّرين لمحتوياته منذ ظهور طبعته الأولى في عام ١٩٨٨.

المحتويات

ميراث برمهنسا يوغانندا الروحي ٨
مقدمة بقلم شري دايا ماتا ١٠
تمهيد ١٣

الفصل

١. إمكاناتنا اللامتناهية ١٩

٢. القوة في أوقات الشدة ٢٨

٣. تعلّم كيف تتأمل ٣٩

التأمل: أكثر العلوم أهمية ٣٩
تعليمات تحضيرية ٤٠
تمرين تنفسي مبدئي ٤١
ركّز على سلام وفرح النفس ٤٣
علم التأمل اليوغي الأعمق ٤٤
تمرين تأملي مع إرشادات ٤٦
تأمُّل على السلام ٤٦
تأمل إلى أن تشعر بالاستجابة الإلهية ٤٨

٤. الارتقاء فوق المعاناة ٤٩

قوة الله الشافية ٥٦
قوة التوكيد والصلاة ٥٩
طريقة التوكيد ٦١
تنمية الإيمان بالله ٦٥

٥. الأمان في عالم يكتنفه الغموض ٧١

٦. أقوال حكيمة لحل المشاكل واتخاذ قرارات حياتية ٧٩

تنمية الحكم التمييزي ٨٢

الحدس: بصيرة النفس ٨٧

٧. تحقيق أهدافك ٩١
استخدام قوة الإرادة الديناميكية ٩١
التعامل بطريقة بنّاءة مع الفشل ٩٥
التركيز: مفتاح النجاح ٩٨
الإبداع ٩٩
تحقيق النجاح الشامل ١٠٣
قيمة الحماسة ١٠٥
الوفرة والرخاء ١٠٩

٨. السلام الداخلي: ترياق مضاد للتوتر والقلق والخوف ١١٤
العصبية ١١٦
القلق والخوف ١١٩

٩. إبراز أفضل ما بداخلك ١٢٩
التحليل الذاتي: سر من أسرار النجاح ١٣٢
التغلب على الإغراءات ١٣٤
الموقف الصحيح تجاه الأخطاء السابقة ١٤٠

١٠. السعادة ١٥٣
الموقف العقلي الإيجابي ١٥٣
التحرر من المزاج السلبي ١٥٨
خدمة الآخرين ١٦٢
الشروط الداخلية للسعادة ١٦٤

١١. الانسجام مع الآخرين ١٦٩
التعامل مع العلاقات غير المتوافقة ١٦٩
تنمية شخصية توافقية ١٧٣

التغلب على المشاعر السلبية ١٧٣

التسامح ١٨٠

١٢. الحب غير المشروط: تحسين العلاقات البشرية وجعلها مثالية .. ١٨٦

تحقيق التوازن بين الصفات الأنثوية والذكورية ١٨٨

الزواج ١٩٢

الصداقة ١٩٧

١٣. فهْم الموت ٢٠٥

١٤. كيف تستخدم أفكار الخلود لإيقاظ الذات الحقيقية ٢١٩

أكّد نهاراً وليلاً على طبيعتك الحقيقية ٢١٩

انزع عنك كل الأفكار المحدودة التي تحجب ذاتك الحقيقية ٢٢٠

اعرف أن ذاتك غير منفصلة عن الله ٢٢٢

فكّر، وأكّد، واعرف طبيعتك الإلهية ٢٢٢

رسّخ الحقيقة الإلهية دوماً في العقل ٢٢٣

لا يمكن للبلايا والمصائب أن تؤذي روحك ٢٢٥

لا تخشَ شيئاً، لأنك ابن الله ٢٢٦

أنت روح: أكّد على مزاياك الروحية ٢٢٧

أنت النور، أنت الفرح ٢٢٨

أنت الحب ٢٣٠

"أنت الذات" ٢٣٢

١٥. الهدف الأسمى ٢٣٤

تخصيص وقت لله في حياتك ٢٣٦

ممارسة الحضور الإلهي ٢٤١

تأسيس علاقة مع الله ٢٤٥

البرهان على استجابة الله ٢٤٧

العنصر الشخصي في البحث عن الله ٢٥٠

نبذة عن المؤلف ٢٥٧

برمهنسا يوغاننذا: يوغي في الحياة والموت ٢٦٠

الأهداف والمُثل العليا لـ Self-Realization Fellowship ٢٦٥

ميراث برمهنسا يوغانندا الروحي

جميع كتاباته، ومحاضراته، وأحاديثه غير الرسمية

أسس برمهنسا يوغانندا Self-Realization Fellowship في عام ١٩٢٠ لنشر تعاليمه في جميع أنحاء العالم وللحفاظ على نقائها وسلامتها للأجيال القادمة. لقد كان كاتباً ومحاضراً غزير الإنتاج منذ سنواته الأولى في أمريكا، ووضع مجموعة ضخمة ومشهورة من الأعمال حول علم اليوغا الخاص بالتأمل، وفن الحياة المتوازنة، والوحدة الأساسية لجميع الأديان الكبرى. اليوم، يستمر هذا الإرث الروحي الفريد والبعيد الأثر ويلهم الملايين من الباحثين عن الحقيقة في جميع أنحاء العالم.

وامتثالاً لرغبات المعلم العظيم الصريحة، استمرت Self-Realization Fellowship في أداء المهمة المتواصلة المتمثلة في نشر الأعمال الكاملة لبرمهنسا يوغانندا وإبقائها مطبوعة بشكل دائم. لا يشمل هذا فقط الطبعات النهائية لجميع الكتب التي نشرها إبان حياته، ولكن أيضاً العديد من العناوين الجديدة – الأعمال التي ظلت غير منشورة وقت انتقاله من هذا العالم في عام ١٩٥٢، أو التي تم نشرها في حلقات على مر السنين في صيغ غير مكتملة في مجلة Self-Realization Magazine، إضافة إلى مئات المحاضرات والأحاديث غير الرسمية ذات الإلهام العميق التي تم تسجيلها والتي لم تنشر قبل رحيله.

لقد اختار برمهنسا يوغانندا ودرّب شخصياً أولئك التلاميذ المقربين منه الذين تولوا إدارة مجلس منشورات Self-Realization Fellowship* منذ رحيله، وأعطاهم إرشادات محددة بشأن إعداد ونشر تعاليمه. إن أعضاء مجلس منشورات Self-Realization Fellowship (من رهبان وراهبات نذروا أنفسهم للزهد والخدمة الإيثارية) يحترمون تلك الإرشادات كأمانة مقدسة بحيث تستمر الرسالة العالمية لهذا المعلم العالمي المحبوب بقوّتها وأصالتها.

—Self-Realization Fellowship—

* (جماعة معرفة الذات) لقد أوضح برمهنسا يوغانندا أن اسم Self-Realization Fellowship يعني «صحبة الله عن طريق معرفة الذات، ومصادقة جميع النفوس الباحثة عن الحقيقة». انظر أيضاً «الأهداف والمثل العليا لـ Self-Realization Fellowship».

لقد تم تصميم شعار Self-Realization Fellowship (الذي يظهر على صفحة سابقة) بواسطة برمهنسا يوغانندا لتمييز المؤسسة غير الربحية التي أسسها بصفتها المصدر المعتمد لتعاليمه. إن اسم وشعار SRF يظهران على جميع منشورات وتسجيلات Self-Realization Fellowship، مما يؤكد للقارئ أن العمل صادر عن المؤسسة التي أسسها برمهنسا يوغانندا وتنقل تعاليمه بالطريقة التي أراد هو إيصالها للجمهور.

مقدمة

بقلم شري دايا ماتا
الرئيسة والقائدة الروحية (من ١٩٥٥ إلى ٢٠١٠) لـ
Self-Realization Fellowship/
Yogoda Satsanga Society of India

إبان السنوات التي بوركتُ فيها بالحصول على التدريب الروحي لبرمهنسا يوغانندا*، وجدتُ أن سمة الحكمة الحقيقية هي ذات شقين: فهي أولاً تشمل كل جانب من جوانب كياننا – الجسم، والعقل، والنفس؛ مثلما تشمل حياتنا الشخصية وعلاقاتنا بعائلاتنا ومجتمعنا والعالم. وهي في نفس الوقت بسيطة ومباشرة بحيث نشعر في داخلنا "نعم، بالطبع! لقد عرفت ذلك دائما!". هناك إحساس بيقظة جديدة وإدراك بأن [تلك الحقيقة] كانت بالفعل موجودة في داخلنا. وعندما تلامس الحقيقة أعمق مشاعرنا فإنها تترجَم على الفور من مجرد فلسفة إلى حلول فعّالة وقابلة للتطبيق لمشكلاتنا.

* التحقت شري دايا ماتا كراهبة في صومعة Self-Realization Fellowship في عام ١٩٣١، وحصلت لأكثر من عشرين عاماً على التدريب الروحي من برمهنسا يوغانندا مباشرة. وقد اختارها لتكون الرئيس الثالث والقائدة الروحية التي تمثل مؤسسته العالمية، وهو منصب شغلته من عام ١٩٥٥ وحتى وفاتها في عام ٢٠١٠.

هكذا كانت الحقائق التي تدفقت في سيل متواصل من معلمي الروحي برمهنسا يوغانندا – ليس كتجريد لاهوتي أو عبارات جوفاء مكررة، بل تعبيرات عملية لتلك الحكمة السامية التي تجلب النجاح، والصحة، والسعادة الدائمة، والحب الإلهي إلى كل ظروف الحياة. إن النطاق الكامل والعميق لتعاليم برمهنساجي* يملأ مجلدات عديدة، ويسعدنا أن نقدم في هذه المجموعة المنتقاة بعضاً من جواهر الفكر الفردية التي تومض وتتألق في كل كتاباته ومحاضراته – حقائق عميقة تُنقل بكلمات قليلة وبالغة الفعالية، توقظ فينا دراية متجددة بمواردنا الداخلية غير المحدودة، وتمنحنا إحساساً بالاتجاه الصحيح يبعث على الطمأنينة في أوقات الأزمات وعدم اليقين.

لقد عمل برمهنسا يوغانندا جاهداً لإيقاظ هذه القدرات الفطرية من القوة والفهم البديهي في أولئك الذين التمسوا تدريبه. عندما كنا نواجه صعوبات ومشاكل في حياتنا الشخصية أو فيما يتعلق بشؤون مؤسسته العالمية، كنا نذهب مسرعين إليه طلباً للحلول. ولكن في كثير من الأحيان، وقبل أن نخبره بأي شيء، كان يومئ لنا بأن نجلس ونتأمل. وفي حضرته كانت عقولنا تهدأ وتصبح مركّزة على الله. وكان القلق والارتباك اللذان سببتهما مشاكلنا يتلاشيان تماماً. حتى وإن لم يُجب على اسئلتنا بكلمة واحدة، وعند عودتنا إلى واجباتنا، كانت أفكارنا تتشكل بوضوح أكبر، وكنا نكتشف أن شيئاً ما في داخلنا قد عرف الطريق

* تشير اللاحقة "جي" إلى التبجيل والاحترام.

الصحيح للمضي قدماً ومواصلة العمل.

لقد أعطانا برمهنساجي أساساً متيناً للمبادئ اللازمة لتوجيه أفكارنا وأفعالنا بالحكمة، والشجاعة، والإيمان. لكنه لم يفكر نيابة عنا، بل كان يصرّ على أن نعمل على تطوير تمييزنا الخاص عن طريق تعميق تناغمنا مع الله، بحيث يمكننا أن نعرف في قرارة أنفسنا أفضل مسار للتصرف في أي موقف معين.

وأمَلي العميق أن يجد كل قارئ في هذه العينة من كلمات برمهنسا يوغانندا الحكمةَ والإلهام لرسم طريق يؤدي للانتصار وسط التحديات والظروف الصعبة التي تواجه حياته أو حياتها. وقبل كل شيء، أتمنى أن تجلب هذه الحقائق حافزاً دائماً للبحث عن تلك الموارد الداخلية من القوة، والفرح، والمحبة التي تنبع من علاقتنا الأبدية بالله؛ لأنه في ذلك الاكتشاف يكمن أعظم إنجاز وأسمى رضىً يمكن أن تمنحهما الحياة.

دايا ماتا

لوس أنجلوس، كاليفورنيا
ديسمبر/كانون الأول ١٩٨٨

تمهيد

"في الفضاء الذي يبدو فارغاً هناك رابط كوني وحيد، وحياة أبدية واحدة، توحّد كل شيء في الكون – الكائنات الحية والجامدة – وموجة واحدة من الحياة الكونية تسري عبر كل شيء."

— برمهنسا يوغانندا

مع تقدم حضارتنا العالمية، يكمن السبب الأعظم لتفاؤلنا في بزوغ إدراك للوحدة الأساسية للحياة. على مدى قرون، علّمت أسمى التقاليد الروحية للإنسانية أن حياتنا هي جزء لا يتجزأ من الحياة الكونية الكلية. واليوم يتشارك في هذا الرأي علماء الطبيعة و "الرؤيويون" الجدد، الذين يعلنون بأن رباطاً واحداً من الوحدة يربط أبعد المجرات بأصغر الخلايا في أجسامنا. وإذ تبدأ النتائج التي توصلوا إليها في الاندماج مع نتائج علم الأحياء، والطب، وعلم النفس، وعلم البيئة، ومجالات أخرى، نجد أنفسنا على مشارف ثورة في الفهم الإنساني ونحصل على لمحات من وحدة شاملة وانسجام كامل بما يبعث على الدهشة ويجعلنا ننظر نظرة مختلفة جذرياً إلى أنفسنا وإمكاناتنا.

وهذه الرؤية الجديدة تمنحنا شعوراً من الطمأنينة في وجه التحديات الهائلة التي تواجه عالمنا اليوم. لقد بدأنا ندرك بأننا لسنا ضحايا عاجزين لكونٍ فوضوي على نحو عشوائي. إن الأمراض

الجسدية والعقلية، والجزء المثير للقلق بنفس المقدار، والذي يؤثر على أسرتنا، ومجتمعنا، واستقرار اقتصادنا؛ والتهديدات البيئية للأرض نفسها – كل هذه تنجم عن عدم التناغم مع التوافق الجوهري ووحدة الكون، سواء على المستوى الشخصي أو المجتمعي أو الوطني أو العالمي. وبمعرفة كيف يمكننا دمج حياتنا مع ذلك الانسجام العالمي، يمكننا أن نواجه بنجاح أي تحدٍ لرفاهيتنا*.

لقد استفاد عصرنا من عدد غير مسبوق من النظريات والأساليب لتحقيق تلك الرفاهية. فالطب، وعلم النفس، والعدد المتزايد من المقاربات الميتافيزيقية، كلها تقدم حلولاً من وجهات نظرها المتخصصة. لكن الكم الهائل من المعلومات الناتجة، والتي يبدو معظمها متناقضاً، غالباً ما يتركنا غير قادرين على تمييز الطريقة الملائمة للاستمرار، والنهج الذي يمكّننا من تركيز

* كتب برمهنسا يوغانندا: "النظام الكوني الذي يسند الكون لا يختلف عن النظام الأخلاقي الذي يحكم مصير الإنسان". كما أن العلم المعاصر يؤكد على نحو متزايد فعالية الأساليب التي تم استخدامها في الهند القديمة لجعل الوعي البشري على توافق متوازن مع القوانين الكونية كما يتضح من هذا التعليق الذي أدلى به مؤخراً البروفيسور براين دي. جوزيفسون، الحائز على جائزة نوبل في الفيزياء: "الفيدانتا والسانخيا [منظومتا الفلسفة الهندية اللتان تتفرع عنهما اليوغا التطبيقية] تمتلكان المفتاح لقوانين العقل وعملية التفكير ذات الصلة بالمجال الكمّي، أي عمل وتوزيع الجزيئات على المستوى الذري والجزيئي".

جهودنا لمساعدة أنفسنا والآخرين. وهكذا نجد أنفسنا نتطلع بشوق إلى منظور أوسع، إلى طريقة ما لتنسيق وتجاوز وجهات النظر الجزئية الناتجة عن التخصص المفرط في عصرنا.

ذلك المنظور الأوسع – الذي تم اكتشافه في الماضي السحيق بواسطة تعاليم العالم الروحية العظيمة وتتم معاينته مجدداً من قبل الرواد العلماء في العصر الحديث – يُظهر وجود مبادئ عالمية تكمن وراء كلٍ من العلم والدين وتحكم كل الخليقة. قال برمهنسا يوغانندا: "العلم ينظر إلى الحقيقة من الخارج فقط، أما العالِم الميتافيزيقي فينظر إلى الحقيقة من الداخل إلى الخارج. ولهذا السبب يتصادمان. لكن النفوس المستنيرة المُلمّة بالعلم والميتافيزيقا لا تجد فرقاً بينهما على الإطلاق. فهي ترى التشابه بين العلم والحقيقة لأنها ترى الصورة كاملة".

إن عمل* برمهنسا يوغانندا الذي نذر حياته له كان يتمحور حول إثبات أن باستطاعة كل منا تحويل تلك الرؤية من إمكانية عقلية إلى اختبار شخصي مباشر ينطبق على حياتنا اليومية. لقد كان معلماً عالمياً جلب علم يوغا التأمل** القديم إلى الغرب في عام ١٩٢٠، وكرّس حياته لتوحيد الشرق والغرب بالروابط الدائمة للفهم الروحي، ولمساعدة الآخرين كي يدركوا الموارد

* راجع "نبذة عن المؤلف" في الصفحة ٢٥٧

** راجع يوغا في المسرد.

اللانهائية من السلام، والمحبة، والفرح، الموجودة في كل كائن بشري.

يحتوي كتاب حيثما يوجد النور على عينة صغيرة من تعاليمه. والنكهة المتنوعة لمحتوياته تعكس الطيف الواسع للمصادر التي تم اقتباسه منها: بعض الفقرات مأخوذة من محاضراته العامة، أو فصوله الدراسية؛ وفقرات أخرى مأخوذة من محادثات غير رسمية له مع مجموعة صغيرة من التلاميذ والأصدقاء؛ وهناك مختارات إضافية من كتاباته.

لمعرفة المزيد من التفاصيل حول المصادر المشار إليها في هذا الكتاب يمكن مراجعة قائمة المطبوعات المدرجة على الصفحة ٢٦٩. بالنسبة للقراء غير المطلعين على الفلسفة والمثل الروحية لبرمهنسا يوغانندا، سيكون كتاب حيثما يوجد النور بمثابة مقدمة مفيدة لتعاليمه. وبالنسبة للذين بدأوا رحلتهم الداخلية إلى مصدر ذلك النور، نقدم هذه المجموعة من المختارات كدليل من النصائح الروحية – وكموردٍ فريد من الحكمة والإلهام للحياة اليومية.

SELF-REALIZATION FELLOWSHIP

حيثما يوجد النور

الفصل ١

إمكاناتنا اللامتناهية

عندما نبدأ بفهم طبيعة الكائن الكلي الذي هو الإنسان، ندرك أنه ليس مجرد كيان جسدي بسيط. فبداخله توجد قوىً عديدة يستخدم إمكانياتها الكامنة بدرجة أكبر أو أقل لتكييف نفسه مع ظروف هذا العالم. وتلك الإمكانيات هي أعظم بكثير مما يظن الشخص العادي.

❖ ❖ ❖

خلف الضوء الموجود في كل مصباح صغير يوجد تيار ديناميكي كبير. وتحت كل موجة صغيرة يوجد المحيط الشاسع المترامي الأطراف الذي أصبح الموجات العديدة. وهذا هو الحال بالنسبة للكائنات البشرية. لقد خلق الله كل إنسان على صورته[1]، ومنح كل واحد الحرية. لكنك تنسى مصدر وجودك وقوة الله التي لا تعادلها قوة والتي هي جزء أساسي منك. إن إمكانيات هذا العالم غير محدودة، ولا حدود للتقدم الذي يمكن للإنسان أن يحققه.

❖ ❖ ❖

كل إنسان هو مظهر من مظاهر الروح الأعظم الذي لا حد

١ تكوين ١:٢٧

لاتساعه. وبما أنك مظهر من مظاهر الروح الكوني، ينبغي لك أن تبذل المجهود لإظهار قواك اللامتناهية الكامنة.

◆ ◆ ◆

ما أنت عليه هو أعظم بكثير من كل شيء أو من أي واحد آخر رغبت في أن تكون مثله. إن الله ظاهر بك على نحو غير ظاهر في أي إنسان آخر. فوجهك لا يشبه وجه شخص آخر، ونفسك ليست كنفس شخص آخر، ولديك اكتفاء ذاتي لأن داخل نفسك يكمن أعظم الكنوز على الإطلاق، وذلك الكنز هو الله.

◆ ◆ ◆

إن جميع المعلمين العظماء يؤكدون أنه داخل هذا الجسد توجد النفس الخالدة التي هي قبس من ذلك المصدر الأعظم الذي يسند كل ما في الوجود.

◆ ◆ ◆

من أين تُستمَد شخصيتنا الحقيقية؟ إنها تأتي من الله. إنه وعي مطلق، ووجود مطلق، ونعيم مطلق... وبالتركيز على الداخل، يمكنك أن تشعر مباشرة بالغبطة الإلهية التي داخل نفسك وخارجها أيضاً. إن تمكنت من الثبات في ذلك الوعي، ستنمو شخصيتك الظاهرة وستصبح جذابة لكل الكائنات. النفس مخلوقة على صورة الله، وعندما نصبح راسخين في الوعي الروحي تبدأ شخصيتنا بإظهار طيبة الله وجماله. تلك هي شخصيتك الحقيقية. وأي خصائص أخرى تظهرها هي تطعيم [جسم دخيل] إلى حد

ما ــ وليست "أنت" الحقيقي.

❖ ❖ ❖

حلّل نفسك: يوجد شيء في داخلك يستحثك دوماً للبحث عن "شيء آخر" يبدو أنه غير موجود في حياتك. وفي داخل كل إنسان حاجة متأصلة وملحة للإنجاز. لماذا؟ لأننا تركنا حضن الآب السماوي وابتعدنا كثيراً عن بيتنا الأبدي في الله، ولذلك يتملكنا الشوق ونشعر بالحنين لاستعادة ذلك الكمال المفقود.

❖ ❖ ❖

النفس [في جوهرها] كاملة تماماً، لكنها عندما ترتبط بالجسد كذاتٍ صغيرة، أو إيغو٢، يصبح مظهرها مشوّهاً بالشوائب البشرية... اليوغا تجعلنا ندرك الطبيعة الإلهية في نفوسنا ونفوس الآخرين. وبتأمل اليوغا يمكننا أن نعرف بأننا آلهة٣.

❖ ❖ ❖

لا يمكن رؤية صورة القمر المنعكسة في الماء المضطرب، ولكن حالما يصبح سطح الماء هادئاً تظهر صورة القمر واضحة تمام الوضوح. وهذا ينطبق أيضاً على العقل: فعندما يكون هادئاً يمكنك رؤية وجه النفس الشبيه بالقمر منعكساً بوضوح. وبصفتنا

---

٢ راجع حب الذات *egoism* في المسرد.

٣ " أنا قلت: إنكم آلهة وبنو العلي كلكم" (مزامير ٨٢: ٦). "أليس مكتوباً في ناموسكم: أنا قلت إنكم آلهة؟" (يوحنا ١٠:٣٤).

نفوساً فإننا صور منعكسة لله. وعندما نستخدم أساليب التأمل[٤] ونسحب الأفكار المضطربة من بحيرة العقل، نبصر نفسنا على هيئة انعكاس نقي للروح الإلهي، وندرك أن النفس والله واحد.

❖ ❖ ❖

معرفة الذات[٥] هي العلم — جسداً وعقلاً وروحاً — بأننا واحد مع وجود الله الكلي، وأنه لا يتوجب علينا الابتهال كي نحصل على تلك المعرفة. فنحن لسنا قريبين من ذلك الوجود وحسب، بل إن وجود الله الكلي هو وجودنا الكلي أيضاً، وأننا قريبون منه الآن بنفس الدرجة التي سنكون بها قريبين منه في أي وقت آخر، وما علينا إلا أن نحسّن معرفتنا.

❖ ❖ ❖

احصر انتباهك في الداخل.[٦] ستشعر بقوة جديدة، وبعزيمة جديدة، وسلام متجدد – في الجسم والعقل والروح... بالتواصل

٤ "كفّوا [اهدأوا] واعلموا أني أنا الله" (مزامير ٤٦:١٠). لقد علّم برمهنسا يوغانندا أساليب اليوغا التي تمكّن الشخص من تهدئة الوعي وتحويله إلى الداخل، والشعور بحضور الله داخل النفس. وأساليب التأمل هذه موجودة ضمن دروس *Self-Realization Fellowship*، وهي سلسلة شاملة للدراسة المنزلية، تم تجميعها من صفوفه ومحاضراته ويمكن الحصول عليها من المقر العالمي لـ Self-Realization Fellowship.

٥ انظر الذات *Self* في المسرد.

٦ "ولا يقولون: هوذا ههنا أو: هوذا هناك! لأن ها ملكوت الله داخلكم" لوقا (١٧:٢١).

مع الله سيتغيّر وضعك من كائن فانٍ إلى كائن خالد. وعندما تفعل ذلك ستتكسر كل القيود التي تقيّدك.

* * *

هناك مناجم من القوة بانتظار اكتشافها في داخلك. إنك تستخدم هذه القوة بصورة لا شعورية في كل ما تفعله، وتحقق بعض النتائج. ولكن إن تعلّمت كيف تتحكم بتلك القوى التي في داخلك وتستخدمها بصورة واعية، يمكنك إنجاز أكثر من ذلك بكثير.

* * *

قلائل هم الناس في هذا العالم الذين يحاولون تنمية إمكانياتهم الجسدية والعقلية والروحية بصورة واعية. أما الباقون فهم ضحايا ظروف الماضي، يسيرون متثاقلين، تدفعهم عادات الماضي الخاطئة، فيسقطون بلا حول ولا قوة تحت تأثيرها، ولا يتذكرون سوى: "أنا شخص متوتر"، أو "أنا ضعيف"، أو "أنا خاطئ"، وما إلى ذلك.

القرار يعود إلى كل واحد منا، إما لاستخدام سيف الحكمة لتقطيع قيودنا أو للبقاء مقيدين.

* * *

من أوهام الحياة مواصلة العيش بعجزٍ وأيدٍ مكتوفة. عندما تقول: "لا فائدة من المحاولة"، يصبح الأمر كذلك... من الوهم أن تفكر بأنك لا تستطيع التغيير بقوة الإرادة.

* * *

عقولنا الصغيرة هي جزء من عقل الله كلي القدرة. وتحت موجة وعينا يوجد المحيط اللامتناهي لوعيه. ولأن الموجة تنسى أنها جزء من المحيط تصبح معزولة عن قوة المحيط العظمى. ونتيجة لذلك الانعزال أصبحت عقولنا ضعيفة بفعل تجاربنا ومحدودياتنا المادية. لقد توقف العقل عن عمله، وستندهش من مقدار ما يمكن للعقل القيام به إن قمت بتخليصه من القيود والمحدوديات التي وضعتها عليه وقيدته بها.

❖ ❖ ❖

لماذا تقيّد قدرتك بالمثل القائل: "لا تقضم أكثر مما تستطيع مضغه" [أي لا تحاول القيام بشيء صعب عليك]؟ لكن في تقديري يجب أن تقضم أكثر مما تستطيع مضغه، ثم تمضغه بعد ذلك!

❖ ❖ ❖

العقل يشبه الشريط المطاطي. كلما شددته أكثر، كلما تمدد أكثر. العقل المرن لن ينفصل أبداً. في كل مرة تشعر فيها بالقيود، أغمض عينيك وقل لنفسك: "أنا اللانهائي"، وسوف ترى مقدار القوة التي تمتلكها.

❖ ❖ ❖

عندما تقول لي أنك لا تستطيع القيام بهذا الشيء أو ذاك، لا أصدقك. أي شيء تصمم على القيام به يمكنك عمله. الله هو المجموع الكلي لكل شيء، وصورته موجودة في داخلك. يمكنه

أن يفعل أي شيء، وكذلك أنت، فيما إذا عرفت كيف تقرن ذاتك بطبيعته التي لا تنضب أبداً.

❖ ❖ ❖

لا تنظر إلى نفسك كإنسان ضعيف. هناك كميات هائلة من الطاقة مختزنة في دماغك. وحتى في غرام واحد من اللحم يوجد ما يكفي من الطاقة لإنارة مدينة شيكاغو لمدة يومين.[٧] ومع ذلك تقول أنك تعبان!

❖ ❖ ❖

لقد خلقنا الله ملائكة من الطاقة، مغلّفين في مواد صلبة – تيارات من الحياة تسطع في مصباح الجسد المادي. لكننا بتركيزنا على ضعف وهشاشة المصباح الجسدي، نسينا كيف نشعر بخصائص طاقة الحياة الخالدة وغير القابلة للتدمير داخل الجسد الذي هو عرضة للتغيير.

❖ ❖ ❖

عندما تتجاوز وعي هذا العالم، وتعرف أنك لست الجسد أو العقل، ومع ذلك تظل مدركاً بأنك موجود كما لم تدرك من قبل – فذلك الوعي الإلهي الذي تختبره هو جوهرك الحقيقي. أنت

٧ قبل مئات السنين من إثبات علماء الطبيعة تكافؤ المادة والطاقة، أعلن حكماء الهند أن كل شكل من أشكال المادة يمكن اختزاله إلى نماذج من الطاقة. راجع برانا *prana* في المسرد.

الذي يحتوي كل ما هو موجود في الكون.

❖ ❖ ❖

كلكم آلهة لو كنتم تعرفون هذه الحقيقة. فخلف موجة وعيكم يوجد بحر الحضور الإلهي. يجب أن تنظروا إلى الداخل. لا تركزوا على موجة الجسد الصغيرة بما فيها من ضعف ووهن. أنظروا إلى ما تحت الموجة... عندما ترفعون وعيكم من الجسد واختباراته، ستجدون أن مجال [وعيكم] مليء بالفرح العظيم والنعيم الإلهي الذي ينير النجوم ويمنح القوة للرياح والأعاصير. الله هو مصدر كل أفراحنا وكل ظواهر الطبيعة...

أوقظوا أنفسكم من ظلمة الجهل. لقد أغمضتم أعينكم في إغفاءة الوهم.[٨] استيقظوا! افتحوا عيونكم وسترون مجد الله – نور الله المترامي والمنتشر فوق كل شيء. إنني أخبركم بذلك كي تكونوا واقعيين روحيين، وستجدون في الله الحلول لكل الأسئلة التي تخطر على بالكم.

---

٨ راجع مايا *maya* في المسرد.

توكيدات[٩]

النور الأبدي يغمرني ويتخلل كل ذرة من كياني. إنني أحيا في ذلك النور. الروح الإلهي يملأ داخلي ويشع من حولي.

❖ ❖ ❖

يا أبتاه، اهدم حواجز أمواج حياتي الصغيرة كيما أندمج بمحيط امتدادك الرحيب.

٩ في الصفحة (٦٢ حاشية) معلومات بخصوص استخدام التوكيدات.

الفصل ٢

القوة في أوقات الشدة

كل ما خلقه الرب هو لامتحاننا من أجل إظهار خلود النفس المستتر في داخلنا. تلك هي مغامرة الحياة، وذلك هو الهدف الوحيد للحياة. ومغامرة كل واحد هي مغامرة مختلفة وفريدة من نوعها. يجب أن تكون مستعداً للتعامل مع كل المشاكل الصحية والعقلية والروحية بطرق منطقية وإيمان بالله، مدركاً بأن روحك تظل غير مقهورة في الحياة والموت.

❖ ❖ ❖

لا تسمح أبداً للحياة بأن تتغلب عليك. تغلّب على الحياة. إن كنت تمتلك إرادة قوية يمكنك التغلب على المتاعب والصعاب. أكّد لنفسك حتى وسط التجارب والمحن: "الخطر وأنا ولدنا معاً وأنا أخطر من الخطر". هذه حقيقة يجب أن تتذكرها دائماً. طبّقها وستجد أنها تعمل. لا تتصرف ككائن بشري منكمش ذليل. أنت واحد من أبناء الله.

❖ ❖ ❖

كثير من الناس يخافون من مشاكل الحياة. إنني لم أخف منها أبداً، لأنني ابتهلتُ على الدوام: "يا رب، لتتعاظم قوتك في داخلي. احفظني في الوعي الإيجابي بحيث أتمكن بعونك من التغلب دوماً

على مصاعبي."

❖ ❖ ❖

بما أنك مخلوق على صورة الله، إن اعتقدتَ أن اختباراتك أصعب من أن تتغلب ألوهيتك عليها فاعتقادك هو باطل. تذكّر، مهما كانت اختباراتك، فلستَ ضعيفاً بحيث لا يمكنك مقاومتها. الله لن يدعك تُجرَّب أكثر مما تستطيع تحمله.

❖ ❖ ❖

القديس فرنسيس كان يعاني من مشاكل أكثر مما تتصور، لكنه لم يستسلم. وبقوة العقل تغلب على تلك العقبات الواحدة بعد الأخرى وأصبح واحداً مع سيد الكون. لماذا لا تمتلك هذ النوع من التصميم؟

❖ ❖ ❖

اعتبر كل تجربة تأتي إليك فرصة لتحسين ذاتك. عندما تمر بمصاعب واختبارات الحياة، عادة ما تصبح متمرداً وتقول: "لماذا ينبغي أن يحصل لي هذا؟" بدلاً من ذلك، يجب أن تفكر أن كل امتحان هو بمثابة مِعْول للحفر في تربة وعيك وإطلاق ينبوع القوة الروحية الموجود في أعماقك. يجب أن يجلب لك كل اختبار القوة الكامنة في داخلك لأنك ابن لله، ومخلوق على صورته.

❖ ❖ ❖

قد يبدو أن الهروب من المشاكل هو الحل الأسهل، لكنك لا تكتسب قوة إلّا عندما تتصارع مع خصم أقوى منك. من ليس

لديه مصاعب ومتاعب لا ينمو ولا يتطور.

❖ ❖ ❖

الحياة الخالية من المشاكل ليست حياة على الإطلاق – لأنها تكون خالية من الحافز لتحسين أنفسنا وتنمية إمكاناتنا الإلهية.

❖ ❖ ❖

النصر الحقيقي يعني أن تقهر نفسك – تقهر وعيك المحدود، وتوسّع قواك الروحية بحيث لا تكبلها أي قيود. يمكنك أن تمضي إلى أبعد ما تريد، وأن تتجاوز جميع القيود، وأن تعيش حياة منتصرة انتصاراً باهراً. اخرج من زنزانة الجهل العقلي التي حصرَتك في داخلها. فكر بطريقة مختلفة.

❖ ❖ ❖

قطّع بسيف الحكمة العقلي القيود التي تكبّلك. الحياة معركة ويجب أن تكافح حتى تكسبها... من يستطيع أن يمنعك من التفكير بأنك إله؟ لا أحد. العائق الوحيد أمامك هو أنت.

❖ ❖ ❖

إن أردت العثور على السعادة الدائمة فيجب أن تتوقف عن التفكير بأنك كائن بشري معرّض للفناء. طبّق هذه الحقيقة في حياتك اليومية.

❖ ❖ ❖

ابتسم من داخلك للحياة... تعلّم كيف تكون سعيداً بالإرادة

وأن تحتفظ بتلك السعادة في داخلك، بغض النظر عما يحدث. بعض الناس تسحقهم اختباراتهم بشكل كامل، في حين يبتسم غيرهم على الرغم من الصعوبات التي يواجهونها. إن الذين لا يُقهرون بالروح هم الناجحون حقاً في الحياة.

❖ ❖ ❖

عندما تتعاظم تجاربي، أطلبُ أولاً الفهم داخل نفسي. لا ألوم الظروف ولا أحاول تصحيح أي شخص آخر. أتوجه للداخل أولاً. أحاول تنظيف قلعة نفسي وإزالة أي عائق من أمام النفس ذات الاقتدار والحكمة الكاملة. وتلك هي الطريقة الناجحة للعيش.

❖ ❖ ❖

في المشاكل والمرض درسٌ لنا. ليس الغرض من اختبار تنا المؤلمة تحطيمنا، بل لصهر شوائبنا وتسريع عودتنا إلى البيت السماوي. ولا يوجد من هو أكثر تلهفاً لتحريرنا من الله.

❖ ❖ ❖

لقد حال دخان الوهم بيننا وبينه، وهو يأسف لعدم قدرتنا على رؤيته. إنه ليس سعيداً لأن يرى بنيه يعانون كثيراً – يموتون من القنابل المتساقطة، والأمراض الرهيبة، وعادات العيش الخاطئة. إنه يتأسف لذلك، لأنه يحبنا ويريدنا أن نعود إليه. يا ليتك تبذل الجهد ليلاً للتأمل ولكي تكون معه! إنه يفكر بك كثيراً. ولم يتخلَّ عنك أو يهجرك. أنت الذي تخليت عن ذاتك العليا وهجرتها.

❖ ❖ ❖

عندما تنظر إلى تجارب حياتك على أنها معلمك، وتتعلم منها الطبيعة الحقيقية للعالم وتعرف ما هو دورك فيه، تصبح تلك التجارب منارات إرشاد إلى السعادة والرضا الدائمين.

❖ ❖ ❖

البؤس إلى حد ما هو أفضل صديق لك، لأنه يدفعك إلى البحث عن الله. وعندما تبدأ في رؤية نقائص العالم بوضوح، ستبدأ في السعي إلى كمال الله. الحقيقة هي أن الله يستخدم الشر، لا ليهلكنا، بل ليجعلنا نُصاب بخيبة أمل جرّاء الانشغال بالتسليات التي يقدمها لنا والتلهي بألعاب هذا العالم، بحيث نطلب السعي إليه والتعرف عليه.

❖ ❖ ❖

الظلام هو ظل يد الأم الإلهية[١] الممتدة لملاطفتك. لا تنسَ ذلك. أحياناً عندما تريد الأم مداعبتك، تُحدث يدُها ظلاً قبل أن تلامسك. لذلك، عندما تأتي المشاكل لا تظن أن الأم تعاقبك. فيدها التي تلقي بظلها عليك تحمل بركات أثناء امتدادها نحوك لتجعلك أكثر قرباً منها.

❖ ❖ ❖

١ تعلّم أسفار الهند المقدسة أن الله له مظهر شخصي وآخر غير شخصي، وأنه موجود في الوجود وفائق متعالٍ. الباحثون في الغرب ارتبطوا تقليدياً بالمظهر الشخصي لله كأب. وفي الهند يحظى مفهوم الله كأم كونية مُحبة وعطوفة بشعبية واسعة. راجع الأم الإلهية *Divine Mother* في المسرد.

المعاناة هي معلّم جيد للراغبين في التعلم بسرعة وعن طيب خاطر. لكنها تصبح طاغية مستبداً للذين يقاومون ويتذمرون. المعاناة يمكنها أن تعلمنا كل شيء تقريباً. فدروسها تستحثنا لتنمية التمييز، وضبط النفس، وعدم التعلق، والأخلاق، والوعي الروحي الفائق. على سبيل المثال، يخبرنا ألم المعدة بألا نفرط في تناول الطعام وأن ننتبه لما نأكله. والألم الذي يسببه فقدان الممتلكات أو الأحبة يذكّرنا بالطبيعة المؤقتة والعابرة لكل الأشياء في عالم الأوهام هذا. وتبعات التصرفات الخاطئة تدفعنا إلى ممارسة التمييز. لماذا لا تتعلم من خلال الحكمة؟ عندها لن تعرّض نفسك للتهذيب المؤلم وغير الضروري من المعاناة الصعبة الشبيهة بالطاغية.

❖ ❖ ❖

المعاناة تنجم عن سوء استخدام حرية الإرادة. فالله منحنا القدرة والحرية كي نَقبَله أو نرفضه. هو لا يريدنا أن نعاني من الأهوال والمخاوف، لكنه لا يتدخل عندما نختار أعمالاً تفضي إلى التعاسة والشقاء.

❖ ❖ ❖

إن كل أسباب اعتلال الصحة أو الفشل المالي المفاجئ أو المشاكل التي تهجم عليك دون إنذار ودون أن تعرف السبب، قد أحدثتها أنت في الماضي، سواء في هذا التجسد أو في تجسدات

سابقة، وظلت تنبت بصمت في وعيك٢... لا تلم الله أو أي شخص آخر إن كنت تعاني من المرض، أو المشاكل المالية، أو الاضطرابات العاطفية. لقد خلقتَ سبب المشكلة في الماضي ويجب أن تتخذ قراراً أقوى لاقتلاعها من الجذور الآن.

❖ ❖ ❖

كثير من الناس يسيؤون تفسير معنى الكارما٣، ويعتبرونها قضاءً وقدَراً. لا ينبغي لك قبول الكارما. إن قلتُ لك إن شخصاً يقف وراءك وعلى وشك أن يلحق الأذى بك لأنك ضربته في إحدى المرات، وأجبتَ: "حسناً، أنها كارماي"، وانتظرته حتى يضربك، فبالتأكيد ستتلقى لكمة. ولكن لماذا لا تحاول تهدئته؟ لأنك إن طيبت خاطره فقد يخفف ذلك حقده ويزيل الرغبة في تسديد ضربة لك.

❖ ❖ ❖

إن قوة نتائج أعمالك السابقة هي أعجز بكثير من أن تسبب لك الأذى عندما لا تسمح لعقلك بالاستسلام لها. تذكّر ذلك. وباستطاعتك أيضاً أن تقاوم [تلك النتائج] من خلال مواجهة

---

٢ إن العودة إلى التجسد، التي هي رحلة النفس التطورية للرجوع إلى الله، توفر فرصاً متكررة للنمو، والانجاز، وتحقيق [الأهداف] غير الممكنة في فترة زمنية قصيرة من الوجود الأرضي. راجع المسرد.
٣ نتائج الأعمال السابقة، يحكمها قانون السبب والنتيجة. "إن الذي يزرعه الإنسان إياه يحصد أيضاً" (غلاطية ٦: ٧). راجع المسرد.

الآثار السيئة للأفعال الماضية الخاطئة، وتمنع بذلك خلق بيئة ملائمة لإنضاج ثمار الكارما السيئة.

❖ ❖ ❖

عندما تدرك بأنك ابن الله، فأية كارما لك؟ الله لا كارما له، وأنت أيضاً كذلك، عندما تعرف بأنك ابنه. يجب أن تؤكد كل يوم: "أنا لست كائناً مآله الفناء. أنا لست الجسد. أنا ابن الله." هذا يعني ممارسة الحضور الإلهي. الله متحرر من الكارما. وأنت مخلوق على صورته، ولذلك فأنت أيضاً متحرر من الكارما.

❖ ❖ ❖

لا تدع أحداً يخبرك بأن معاناتك أو مشاكلك هي كارماك. أنت بصفتك [النفس] لا كارما لك. قال شانكرا[٤]: "أنا واحد مع الروح الكوني. أنا هو". إن أدركتَ هذه الحقيقة فأنت إله. ولكن إن بقيت تؤكد بالفكر، "أنا إله"، وفي خلفية عقلك تفكر: "لكنني كائن فانٍ"، فإنك كائن فانٍ. وإن عرفتَ يقيناً بأنك إله، فأنت متحرر.

❖ ❖ ❖

"أما تعرفون أنكم هيكل الله وأن روح الله يسكن فيكم؟"[٥] إذا

٤ سوامي شانكرا كان أحد أكثر فلاسفة الهند تنويراً. تاريخه غير مؤكد، في حين ينسبه العديد من الباحثين إلى القرن الثامن أو بداية القرن التاسع الميلادي.

٥ كورنثوس الأولى ٣: ١٦.

تمكنت من تصفية وتوسيع عقلك بالتأمل، وقبول الله في وعيك، فسوف تتحرر أيضاً من أوهام المرض والمحدوديات والموت.

❖ ❖ ❖

إن أردتَ أن ترتقي إلى ما فوق الكارما، حاول أن تدرك هذه الحقائق الثلاث: (١) عندما يكون العقل قوياً والقلب نقياً، فأنت حر. العقل هو الذي يقيّدك بالألم في الجسد. عندما تفكر أفكاراً نقية وتكون قوياً عقلياً، لا يمكنك أن تعاني من النتائج المؤلمة للكارما الشريرة. وقد وجدتُ ذلك مبهجاً للغاية. (٢) في النوم غير الوعي، أنت حر. (٣) عندما تكون في النشوة الروحية[٦] محققاً ذاتك مع الله، تكون متحرراً من الكارما! لذلك يقول القديسون "صلّوا بلا انقطاع". عندما تصلي وتتأمل باستمرار، تذهب إلى منطقة الوعي السامي، حيث لا يمكن للمشاكل أن تصل إليك.

❖ ❖ ❖

يمكنك أن تتحرر من الكارما في هذه اللحظة، بالطرق التالية: عندما تعصف بك المشاكل وتضايقك المتاعب، اذهب للنوم. أو فكّر أفكاراً نقية واجعل عقلك بصلابة الفولاذ، وقل لنفسك: "أنا فوق كل هذه [المضايقات]." أو – وهي الطريقة

---

٦   حالة الوعي السامي حيث يتم اختبار الله مباشرة. والحالة الواعية هي الدراية بالجسد وبيئته الخارجية. وحالة اللاوعي هي التي يعمل فيها العقل الباطن أثناء النوم وتنشط فيها العمليات العقلية مثل الذاكرة. أما حالة الوعي السامي فهي العقل الأسمى الفائق أو الوعي الروحي للنفس. راجع سمادهي في المسرد.

الأفضل: في التأمل العميق ادخل حالة الوعي السامي المقدسة. فسعادة ذلك الوعي هي الحالة الطبيعية لنفسك، لكنك نسيت طبيعتك الحقيقية لارتباطك الطويل بالجسد. يجب استعادة تلك الحالة النفسية المغبوطة وغير المضطربة.

❖ ❖ ❖

إن طبيعة النفس [كروح فردية] هي النعيم أو الغبطة: إنها حالة داخلية متواصلة من الفرح المتجدد والمتغير دائماً وأبداً. وهذا النعيم يمنح فرحاً أبدياً لا يزول لمن يبلغه، حتى أثناء مروره بتجارب من المعاناة الجسدية أو الموت.

❖ ❖ ❖

للعلاجات المادية – من أدوية، ووسائل راحة جسدية، وتعزية بشرية – دورها في المساعدة على التخلص من الألم، لكن أفضل علاج هو ممارسة الكريا يوغا[٧] والتأكيد بأنك واحد مع الله. هذا هو العلاج لكل مشكلة، وكل ألم، وكل حرمان – وهو الطريق إلى التخلص من كل كارما فردية وجماعية.[٨]

---

٧ طريقة علمية للتواصل روحياً مع الله. تم شرح علم الكريا يوغا *Kriya Yoga* في كتاب برمهنسا يوغانندا مذكرات يوغي *Autobiography of a Yogi*. راجع المسرد.

٨ إن أفعال البشر التراكمية داخل المجتمعات المحلية، والأمم، أو العالم ككل، تشكل كارما جماعية، تنتج آثاراً محلية أو على نطاق واسع وفقاً لدرجة ورجحان الخير أو الشر. لذلك فإن أفكار وأفعال كل فرد تساهم في خير أو شر هذا العالم وجميع الشعوب فيه.

توكيدات

إنني أدركُ بأن قوة الله غير محدودة، وبأنني مخلوق على صورته. ولذلك، أنا أيضاً لديَّ القوة للتغلب على كل المصاعب والعراقيل.

❖ ❖ ❖

يا أبتِ العزيز، مهماكانت الظروف التي تعترضني، أعلمُ أنها تمثل الخطوة التالية من تفتحي وتطوري. سأرحّب بكل التجارب والامتحانات لأنني أدرك بأنني أمتلك في داخلي العقل لفهم تلك الظروف والإرادة للتغلب عليها!

٣٨

الفصل ٣

تعلّم كيف تتأمل

التأمل: أكثر العلوم أهمية

التأمل هو علم معرفة الله[١]، وهو أكثر العلوم أهمية في العالم من الناحية التطبيقية. معظم الناس سيرغبون في التأمل لو عرفوا قيمة التأمل واختبروا تأثيراته النافعة. الغاية القصوى من التأمل هي الإحساس الواعي بالله وإدراك الاتحاد الأبدي للنفس به. وهل هناك من إنجاز أروع وأنفع من توظيف القدرات البشرية المحدودة لإدراك حضور الله الشامل وقدرته الكلية؟ إن معرفة الله تمنح المتأمِّل البركات الإلهية من سلام ومحبة وفرح وقوة وحكمة.

❖ ❖ ❖

في التأمل يتم استخدام تركيز العقل في أسمى صوره.

١ يتضمن هذا الفصل صيغة تحضيرية للتأمل بحسب تعليمات برمهنسا يوغانندا. أما أساليب التأمل الشاملة التي أعطاها: علم الكريا يوغا الخاص بتركيز العقل والتأمل – خطوة بخطوة – فهي مذكورة في دروس *Self-Realization Fellowship* المطبوعة. راجع الصفحة ٢٦٣.

التركيز هو تحرير الانتباه من كل المشتتات وحصره في فكرة ذات أهمية بالنسبة للشخص. أما التأمُّل فهو ذلك الشكل الخاص من التركيز بحيث يكون الفكر قد تحرر من القلق والتشويش وتركّز على الله. التأمل إذاً هو التركيز المستخدم لمعرفة الله.

❖ ❖ ❖

تعليمات تحضيرية

اجلس على كرسي مستقيم، أو اجلس متربعاً على سطح ثابت. احتفظ بالعمود الفقري معتدلاً والذقن موازية لأرض الغرفة.

❖ ❖ ❖

إن كنت قد اتخذت وضعية الجلوس الصحيحة سيكون الجسم ثابتاً وفي حالة استرخاء، بحيث يمكن الجلوس بهدوء تام دون تحريك أي عضلة. مثل هذا الهدوء، الخالي من تعديلات وحركات جسدية متواصلة، هو ضروري لبلوغ حالة تأملية عميقة.

❖ ❖ ❖

بعينين نصف مغمضتين (أو مغمضتين تماماً إن كان ذلك يريحك أكثر)، انظر إلى أعلى، مع تركيز نظرتك وانتباهك كما لو كنت تنظر من خلال نقطة بين الحاجبين. (الشخص الذي يكون

في حالة تفكير عميقة غالباً ما "يقطّب" حاجبيه في هذه النقطة.)

لا تَحْوِل عينيك أو تجهدهما. النظرة إلى أعلى تأتي بصورة طبيعية عندما يكون الشخص مسترخياً ومركّزاً بهدوء. الناحية المهمة هي تركيز كل الانتباه على النقطة التي بين الحاجبين.

هذه النقطة هي مركز وعي المسيح، موضع العين الواحدة التي تكلم عنها السيد المسيح "سراج الجسد هو العين فمتى كانت عينك واحدة *if therefore thine eye be single* فجسدك كله يكون نيرا" (متى ٦: ٢٢). عندما يتحقق الغرض من التأمل، يجد المريد أن وعيه تركّز تلقائياً على العين الروحية ويختبر، وفقاً لقدرته الروحية الداخلية على الاستيعاب، حالة سعيدة من الاتحاد المقدس مع الروح الإلهي.

❖ ❖ ❖

تمرين تنفسي مبدئي

عندما تتقن وضعية التأمل المشروحة أعلاه، فالتحضير التالي للتأمل هو التخلص من ثاني أكسيد الكربون المتراكم في الرئتين والذي يسبب التململ والقلق. اطرد النَفَس عن طريق الفم بزفير مزدوج: "هاه،هااه". (هذا الصوت يحدث بالتنفس فقط، وليس باستخدام الحبال الصوتية.) ثم تنفس شهيقاً بعمق عن طريق فتحتيّ الأنف (المنخرين) وقم بشدّ الجسم واعد من واحد إلى ستة. اطرد النفس عن طريق الفم بزفير مزدوج، "هاه، هااه". وقم بإرخاء الشد. كرر ثلاث مرات.

❖ ❖ ❖

كخطوة أولى نحو دخول مملكة الله، يجب أن يجلس المريد في وضعية التأمل الصحيحة، بحيث يكون العمود الفقري معتدلاً، ثم يقوم بتوتير (شد) الجسد وإرخائه – لأن الوعي يتحرر باسترخاء العضلات.

يبدأ اليوغي بالتنفس الصحيح العميق، بالاستنشاق وشد الجسم بكامله، ثم بالزفير والاسترخاء، ويكرر ذلك عدة مرات. ومع كل زفير يجب التخلص من التوتر العضلي والحركة، حتى بلوغ حالة من السكون الجسدي.

بعد ذلك، باستخدام أساليب التركيز، يتم التخلص من الحركة التي لا تهدأ في العقل. في السكون التام للجسد والعقل يشعر اليوغي بسلام النفس الذي يعصى على الوصف.

الحياة تكمن في الجسد، والنور يكمن في العقل، وفي النفس يكمن السلام. وكلما غاص الشخص عميقاً في النفس كلما ازداد السلام الذي يشعر به، وتلك هي حالة الوعي السامي. بالتأمل العميق، عندما يقوم المريد بتوسيع نطاق درايته بالسلام ويشعر بأن وعيه ينتشر مع السلام في كل أرجاء الكون، وبأن كل الكائنات وكل الخليقة تذوب في ذلك السلام، عندئذ يكون قد دخل حالة الوعي الكوني، فيشعر بذلك السلام في كل مكان – في الزهور، وفي كل البشر، وفي الفضاء، ويرى الأرض وكل العوالم تعوم كالفقاقيع في ذلك المحيط من السلام.

عندما يشعر المريد أولاً بالسلام الداخلي في التأمل فذلك السلام هو روحه. أما السلام الشامل الذي يختبره عندما يتعمق في التأمل فهو الله. المريد الذي يشعر بوحدته مع كل شيء يكون

قد رسّخ الحضور الإلهي في معبد إدراكه الداخلي اللامتناهي.

◆ ◆ ◆

ركّز على سلام وفرح النفس

ابقَ هادئاً... قل وداعا لعالم الحواس – البصر، السمع، الشم، الذوق، واللمس – واتجه نحو الداخل، حيث تعرب نفسنا عن ذاتها...

اصرف عنك كل إحساسات الجسد ومعها كل الأفكار المقلقة. وركّز على فكرة السلام والفرح.

◆ ◆ ◆

الباب إلى ملكوت السماوات موجود في مركز الوعي السامي المحتجب في النقطة التي بين الحاجبين. إذا حصرت انتباهك في موضع التركيز هذا فستجد قوة روحية عظيمة وعوناً كبيراً يأتيانك من الداخل. اشعر أن وعيك يتمدد في الوعي الإلهي. واشعر أنه لا توجد حواجز تصدك، ولا تعلّقات جسدية تقيّدك، بل أنك تمضي قدماً نحو ملكوت الله الذي يمكن دخوله

عن طريق العين الروحية.[٢]

صلِّ معي: "أيها الآب السماوي، افتح عيني الروحية حتى أتمكن من الدخول إلى ملكوتك كلي الوجود. يا أبتاه، لا تتركني في عالم البؤس والفناء هذا. خذ بيدي من الظلمة إلى النور، ومن الموت إلى الخلود، ومن الجهل إلى الحكمة اللامتناهية، ومن الحزن إلى الفرح الأبدي".

علم التأمل اليوغي الأعمق

راجا يوغا: اليوغا الملكية للاتحاد بالله، هي علم الإدراك الحقيقي لملكوت الله الموجود داخل الإنسان. فمن خلال ممارسة أساليب اليوغا المقدسة الخاصة بتوجيه الوعي إلى الداخل والتي يتم الحصول عليها أثناء التكريس من معلم روحي حقيقي، يمكن للمرء أن يعثر على ذلك الملكوت بإيقاظ المراكز الكوكبية والسببية لطاقة الحياة والوعي الموجودة في العمود الفقري والدماغ. تلك المراكز هي منافذ الدخول إلى المناطق السماوية

٢ عين الحدس والإدراك الكلي في مركز المسيح (كوتاستا) (أجنا شاكرا) بين الحاجبين. العين الروحية هي المدخل إلى الحالات النهائية للوعي الإلهي. من خلال إيقاظ العين الروحية والنفاذ منها، يختبر المريد حالات أعلى متتالية: الوعي السامي، ووعي المسيح، والوعي الكوني. والأساليب التحضيرية لبلوغ تلك الحالات هي جزء علم الكريا يوغا *Kriya Yoga* للتأمل، والذي يتم تدريس تقنياته للطلاب المنتسبين لدروس *Self-Realization Fellowship* التي تتضمن تعاليم برمهنسا يوغانندا.

للوعي السامي.[3]

❖ ❖ ❖

الصلاة وحدها لن تحقق ذلك. الناس يتساءلون لماذا يصلّون بحرارة ومع ذلك لا يحصلون على استجابة شخصية من الله. لأنهم لا يعرفون كيف يتأملون. ومن هنا تكمن ضرورة اليوغا. إن مارستَ أساليب اليوغا الممنوحة في تعاليم Self-Realization سوف تحقق هدفك وتصل إلى مبتغاك. اليوغا لا تخبرك بأن كل ما عليك هو أن تؤمن وستحصل على الخلاص. إنها تعلّمك القوانين والأساليب العلمية التي بواسطتها يمكنك أن تشعر بالله في وعيك. عندها فقط يمكنك أن تتواصل فعلاً مع الله الذي سيستجيب لك علناً، وليس قبل ذلك. عندما يكون وعيك مغلقاً خلف باب جهلك، لا يمكن لله أن يدخل إلى وعيك. وعندما تفتح ذلك الباب، سيظهر الله ذاته، وفي ذلك الإدراك تصبح كل الأشياء ممكنة. ولكن يتوجب عليك أن تبذل المجهود. لن تجد الله إن جلست في التأمل وراح فكرك يتجول وينتقل من موضوع إلى آخر. ولكنك إن مارست أساليب التأمل بانتظام سوف تلمس حضوره.

❖ ❖ ❖

٣ راجع راجا يوغا، كريا يوغا، و الشاكرات في المسرد.

تمرين تأملي مع إرشادات

دعنا نتأمل.

اشعر أنك مشحون بطاقة الله الخلاقة والداعمة للحياة.

اشعر أن وعي الله الأبدي ظاهر في جسدك وأنه يحررك من الشعور بإخفاقات الماضي، والخوف، والمرض، والشيخوخة.

كرر هذه الفكرة بانتباه عميق:

"يا أبتاه، إنك موجود في جسدي، وفي عقلي، وفي روحي. إنني مخلوق على صورتك. بارك جسدي، وعقلي، وروحي كي تومض بشبابك الدائم، وقوتك، وخلودك، وفرحك. أوم. السلام. آمين."

تأمُّل على السلام

توجّه إلى الله بنداءٍ عقلي حار وإخلاص نابع من أعماق قلبك. ناجِه مناجاة واعية والتمس حضوره في معبد السكون وفي التأمل العميق. اعثر عليه في معبد الغبطة والابتهاج. ومن خلال أفكارك ومشاعرك، ابعث إليه بحبك من كل قلبك، وعقلك، ونفسك، وقوتك. وبحدسك الروحي اشعر بالحضور الإلهي متجلياً كفرح غامر وسلام عظيم عبر غيوم جزعك وضباب حيرتك. السلام والفرح هما من أصوات الله التي هجعت طويلاً تحت طبقة غفلتك، منسية في ضجيج الأهواء والانفعالات البشرية، دون أن تحظى بالانتباه والاهتمام.

إن ملكوت الله موجود خلف ظلمة العيون المغمضة،

وسلامك هو أول باب يفتح على ذلك الملكوت. أطلق أنفاسك واسترخِ. واشعر بهذا السلام ينتشر في كل مكان، في داخلك ومن حولك. اغمر نفسك في ذلك السلام.

تنفس شهيقاً ثم أطلق النفَس. الآن انسَ تنفسك وكرر هذه لكلمات:

يا أبتاه، لقد صمتتْ أصوات الأرض والسماء.
إنني في معبد السكينة والهدوء.
مملكة سلامك الأبدي تنتشر طبقة فوق طبقة أمام ناظرِي.
أسألك أن تظل مملكتك اللامتناهية، التي طال احتجابها
خلف الظلام، متجلية دوماً في داخلي.
ليملأ السلامُ جسمي. وليملأ السلام قلبي ويسكن بين ثنايا حبي.
ليظهر السلام في داخلي ومن حولي وفي كل مكان.
الله هو السلام. وأنا ابنه. أنا السلام. الله وأنا واحد.
السلام اللانهائي يحيط بحياتي ويغمر كل لحظات وجودي.
السلام لنفسي. السلام لأسرتي. السلام لبلدي.
السلام لعالمي. السلام لكوني. المشاعر الودية والنيّات الحسنة لكل البلدان، ولكل المخلوقات، لأن الكل إخوتي والله هو والدنا المشترك.
إننا نعيش في ولايات العالم المتحدة والله قائدنا وهادينا
والحق مرشدنا ودليلنا.
أبانا السماوي، ليحلّ ملكوت سلامك على الأرض
كما في السماء، علّنا نتحرر من التنافرات المسببة للخلاف

ونصبح مواطنين مثاليين – جسماً وعقلاً وروحاً – في عالمك.

تأمل إلى أن تشعر بالاستجابة الإلهية

يجب أن تستمر في التركيز على مركز وعي المسيح بين الحاجبين، والابتهال بعمق لله وقديسيه العظماء، وبلغة قلبك التمس حضورهم وبركاتهم. من الممارسات الجيدة استخدام توكيد أو ابتهال... وروحنته [إشباعه بالاهتزازات الروحية] بأشواقك التعبدية. انشد لله وصلِّ له بصمت مع الاحتفاظ بوعيك بين الحاجبين إلى أن تشعر باستجابة الله كإحساس هادئ من السلام العميق والفرح الداخلي.

❖ ❖ ❖

عندما يبدأ تأملك بالتعمّق، بالممارسة الثابتة، قد ترى ضوءاً صغيراً أو تسمع أصواتاً كوكبية أو تبصر أحد القديسين بالرؤيا. في البداية قد تصرف النظر عن تلك الأمور على أنها مجرد هلوسة؛ ولكن عندما تواصل التأمل بشوق وإخلاص، وتراعي القانون [الروحي]، ستجد أن أموراً عجيبة تحدث بطرق خفية في حياتك...

إن الله يستجيب لك. وعندما تكون على توافق معه سيعضدك ويهديك في كل الأمور – في اختيار أصدقائك أو شركاء عملك أو في اتخاذ كل قرار من قراراتك اليومية.

الفصل ٤

الارتقاء فوق المعاناة

كنت أتجادل باستمرار مع أبي السماوي حول لماذا الألم هو اختبار ليعيد إليه البشر المخلوقين على صورته. أقول للأب إن الألم فيه إكراه بينما الإقناع والمحبة هما طريقة أفضل لجعل البشر يعودون إلى السماء. ومع أنني أعرف الجواب، لكنني غالباً ما تجادلت مع الله حول هذه المسائل، لأنه يفهمني مثلما يفهم الأب ابنه.

❖ ❖ ❖

كم هو مؤسف هذا العالم! إنه مكان غموض وعدم يقين. ولكن بغض النظر عما حدث لك، إن ارتميت عند أقدام الآب السماوي والتمست رحمته، سيرفعك ويبين لك أن الحياة هي مجرد حلم.[١]

❖ ❖ ❖

سأحكي لك قصة صغيرة. ذات مرة نام ملكٌ وحلم أنه فقير محروم. فراح يصيح أثناء نومه للحصول على فلس واحد من أجل شراء بعض الطعام. وأخيراً أيقظته الملكة وقالت: "ما

١ راجع مايا *Maya* في المسرد.

خطبك؟ خزانتك مليئة بالذهب، وأنت تصيح من أجل فلس؟"

فقال الملك: "آه، ما أسخفني. ظننت أنني كنت متسوّلاً وكنت أتضور جوعاً لعدم وجود ذلك الفلس."

هذا هو الوهم الذي تعاني منه كل نفس تحلم بأنها فانية، خاضعة لشرور كابوسية من كل أنواع الأمراض، المعاناة، والمتاعب، وانكسارات القلب. الطريقة الوحيدة للتخلص من هذا الكابوس هي أن نصبح أكثر تعلقاً بالله وأقل تعلقاً بالصور الحلمية لهذا العالم.

❖ ❖ ❖

لا توجد قسوة في التدبير الإلهي. ففي نظر الله لا يوجد خير أو شر – بل هناك صور من النور والظلال لا غير. لقد أرادنا الله أن نرى مَشاهد الحياة الثنائية تماماً مثلما يراها هو: الشاهد والمُشاهد المغتبط للمسرحية الكونية الجبارة!

لقد ربط الإنسان نفسه وحقق ذاته من قبيل الوهم مع تلك (الأنا) الزائفة. وعندما يحوّل تحققه ويتماهى مع كيانه الحقيقي – الروح الخالدة – يرى عندها أن كل الآلام غير حقيقية.

❖ ❖ ❖

الوعي الأسمى للإنسان هو صنيعة الله ولذلك هو مضاد للألم. كل المعاناة الجسدية والعقلية تحدث بسبب الارتباط، والتصوّر، وعادات التفكير الخاطئة لدى الإنسان.

❖ ❖ ❖

امتلك المزيد من القوة العقلية. قم بتنمية تلك القوة العقلية بحيث يمكنك الوقوف راسخاً دون أن تهتز مهما حدث، وتواجه أي شيء في الحياة بجرأة وبسالة. إن كنت تحب الله فيجب أن تمتلك الإيمان وأن تكون مستعداً للتحمل عندما تأتي التجارب والمحن. لا تخف من المعاناة والألم.

٭ ٭ ٭

إنك تزيد من الألم بالتصور الذهني. إن الخوف أو الشعور بالأسف لحالتك لن يخفف من تألمك، بل بالأحرى يزيد منه. على سبيل المثال، قد يسيء إليك أحدهم فتداوم التفكير بتلك الإساءة، ويتحدث عنها أصدقاؤك ويتعاطفون معك. وكلما فكرت بالإساءة كلما ضخّمتها – وضخّمت معها معاناتك أيضاً.

٭ ٭ ٭

بعض الناس يستمرون في تذكر كل المعاناة التي مرّوا بها. يتذكرون كم كان الألم مريعاً بسبب عملية جراحية أُجريت لهم قبل عشرين عاماً! ويكررون ذلك باستمرار بحيث يختبرون مجدداً الإحساس بتلك الإصابة المَرضية. ما الداعي لتكرار مثل تلك الاختبارات؟

٭ ٭ ٭

إن أفضل طريقة لعزل نفسك عن صعوبتك هي أن تكون منفصلاً عقلياً عنها، كما لو كنت مجرد مشاهد، وتحاول في نفس

الوقت إيجاد علاج[٢] للمشكلة.

❖ ❖ ❖

الحقيقة هي الآتي: إن تعلّمت كيف تعيش في جسدك دون أن تفكر بأن الجسد هو أنت، فلن تتألم كثيراً. الصلة بينك وبين الألم الجسدي هي صلة عقلية محض. أثناء النوم، عندما لا تكون على دراية بالجسد لا تشعر بالألم. وبالمثل، عندما يعطيك الطبيب الجرّاح أو طبيب الأسنان مخدراً ويجري عملية جراحة لجسمك لا تشعر بأي ألم، لأنه يكون قد تم فصل العقل عن الإحساس.

❖ ❖ ❖

اعتنِ بالجسد، ولكن ترفّع عنه. واعلم أنك منفصل عن شكلك البشري. ضع حاجزاً عقلياً كبيراً بين عقلك وجسدك. وأكّد لنفسك: "إنني منفصل عن الجسد. لا يمكن أن تؤثر بي الحرارة أو البرودة أو المرض. أنا حر". وستصبح محدودياتك أقل وأقل.

❖ ❖ ❖

إن أفضل تخدير لتسكين الألم هو قوتك العقلية. إذا رفض عقلك قبول الألم سيتم تقليله إلى حد كبير. لقد وجدتُ أنه عندما كان هذا الجسم يتعرض للأذى في بعض الأوقات وكنت أشعر

٢ الأشخاص الذين يعانون من مشاكل خطيرة أو مستمرة – مثل الألم وأعراض أخرى – يجب أن يتبعوا نصيحة الطبيب.

بألم شديد، فإذا وضعتُ عقلي في مركز المسيح[٣] – أي إن حققت ذاتي بدرجة أكبر مع الله وبدرجة أقل من الجسد – لا يوجد ألم على الإطلاق. لذلك عندما يأتي الألم، ركّز عقلك على مركز المسيح. افصل نفسك عقلياً عن الألم. اعمل على تنمية المزيد من قوة العقل. كن قوياً ثابت الجأش من الداخل. عندما تشعر بالألم، قل بينك وبين نفسك: "الألم لا يؤذيني". وعندما يحدث لك أذىً اعترف به كشيء يجب الانتباه له والاعتناء به، ولكن لا تتألم بسببه. كلما ركّزت على قوة العقل، كلما تلاشى الوعي الجسدي.

❖ ❖ ❖

[قال سري يوكتسوار[٤] لتلاميذه] "الألم والسرور مؤقتان، فتحملوا الثنائيات برصانة وهدوء، محاولين في نفس الوقت التخلص من قبضتها."

❖ ❖ ❖

في خضم الظروف والحالات السلبية، مارس "الموقف

٣ مركز العين الواحدة للوعي الإلهي والإدراك الروحي في النقطة التي بين الحاجبين، والتي أشار إليها السيد المسيح بالقول: "فمتى كانت عينك واحدة فجسدك كله يكون نيرا" if therefore thine eye be *single* (متى ٦: ٢٢). إن صور القديسين الذين في حالة الاتصال الإلهي تُظهرهم وعيونهم مرفوعة إلى هذا المركز. راجع المسرد.

٤ سوامي سري يوكتسوار (١٨٥٥-١٩٣٦) كان المعلم [المرشد الروحي] لبرمهنسا يوغانندا. وقد تم وصف حياته في كتاب مذكرات يوغي *Autobiography of a Yogi*. راجع المسرد.

المضاد" بالتفكير والتصرف بطريقة إيجابية بنّاءة. مارس تيتيكشا *titiksha* [٥] أي عدم الاستسلام للاختبارات والتجارب غير السارة، بل مقاومتها دون أن تتضايق نفسياً. عندما يأتي المرض، اتبع قوانين العيش الصحي، دون السماح لعقلك بالانزعاج. احتفظ بهدوئك في كل ما تفعله.

❖ ❖ ❖

سواء كنت تتألم في هذه الحياة، أو تبتسم لامتلاكك الثروة والقوة، يجب أن يبقى وعيك دون تغيير. إن استطعت تحقيق التوازن العقلي فلا شيء يمكن أن يؤذيك أبداً. إن حيوات جميع المعلمين العظام تثبت أنهم قد وصلوا إلى هذه الحالة المباركة.

❖ ❖ ❖

التأمل هو الطريق الذي ينبغي أن تسلكه للترفع عن الوهم ومعرفة طبيعتك الحقيقية. إن استطعت الاحتفاظ بذلك الوعي في النشاط والتأمل على السواء، دون أن تؤثر بك التجارب والاختبارات الوهمية المضللة، ستكون عندئذ فوق عالم الأحلام هذا الذي خلقه الله، وسينتهي الحلم بالنسبة لك. لهذا السبب أكد

٥ كلمة سنسكريتية تعني "القدرة على التحمل بتوازن عقلي".

السيد كريشنا[٦] أنه إن أردت الحصول على الحرية في الروح الكوني، يجب أن تمتلك التوازن العقلي تحت كل الظروف. "إن الذي لا تكدّره هذه الأمور (بسبب تلامُس الحواس مع المحسوسات)، الهادئ والمتزن عقلياً أثناء الألم والمتعة، هو وحده المؤهل للخلود."[٧]

❖ ❖ ❖

عندما تطاردك نمور الهموم والمرض والموت، فإن ملاذك الوحيد هو معبد الصمت والهدوء الداخلي. الإنسان العميق روحياً يعيش ليلاً ونهاراً في صمت داخلي هادئ لا يمكن أن تتطفل عليه المخاوف المُهدِّدة ولا حتى ارتطام العوالم المتصادمة.

❖ ❖ ❖

لا يمكن لأي إحساس أو عذاب عقلي أن يؤثر عليك إذا انفصل العقل عن ذلك الإحساس ورسخ في سلام الله وفرحه.

❖ ❖ ❖

٦ أفاتار (تجسد إلهي) عاش في الهند القديمة قبل العصر المسيحي بعصور. وحوار السيد كريشنا مع تلميذه أرجونا في ساحة معركة كوروكشترا تكوّن الكتاب المقدس الخالد: بهاغافاد غيتا. راجع بهغفان كريشنا وبهاغافاد غيتا في المسرد.

٧ بهاغافاد غيتا ٢:١٥.

قوة الله الشافية

هناك طريقتان يمكن من خلالهما تلبية احتياجاتنا. إحداهما الطريقة المادية. على سبيل المثال، عندما نعاني من اعتلال الصحة، يمكننا الذهاب إلى الطبيب لتلقي العلاج الطبي. ولكن يأتي وقت لا تستطيع فيه المساعدات البشرية تقديم العون. عندها نوجّه أنظارنا إلى الاتجاه الآخر، إلى القوة الروحية، صانعة أجسادنا وعقولنا وأرواحنا. القوة المادية محدودة، وعندما تفشل نلجأ إلى القوة الإلهية غير المحدودة. وهذا ينطبق على احتياجاتنا المالية. فعندما نبذل قصارى جهدنا، ومع ذلك يبقى مجهودنا غير كافٍ، فإننا نلجأ إلى تلك القوة العليا الأخرى.

* * *

معرفة الله هي أهم طريقة لشفاء كل الأمراض – الجسدية، العقلية، والروحية. كما أنه لا يمكن للظلام أن يوجد حيثما يوجد النور، هكذا يتم طرد ظلمة المرض بنور الحضور الإلهي الأكمل عندما يتسرب ذلك النور إلى الجسد.

* * *

إن قوة الله غير المحدودة تعمل من وراء كل طرق العلاج، سواء الجسدية أو العقلية أو الحيوية[٨]. يجب عدم نسيان هذه

---

[٨] العنصر "الحيوي" هو أكثر شفافية من الطاقة الذرية – إنه الأساس الكوني للحياة الذي من خلاله يسند الله كل الخليقة. راجع برانا/*prana* في المسرد.

الحقيقة، لأنه إن اعتمد الشخص على الطريقة وليس على الله فإنه يعيق تلقائياً قوة الشفاء ويحد من تدفقها.

* * *

واجبك هو أن ترفع حاجتك إلى العناية الإلهية وأن تقوم بدورك لمساعدة الله كي يحقق رغبتك. على سبيل المثال، في الأمراض المستعصية، ابذل قصارى جهدك لتعزيز الشفاء، ولكن تيقن في داخلك أنه في نهاية المطاف وحده الله قادر على مساعدتك.

* * *

هناك مصدر غير محدود لحماية الإنسان يكمن في تفكيره القوي وهو أنه بصفته ابناً لله فلا يمكن أن يتأثر بالمرض.

* * *

ابذل قصارى جهدك لإزالة أسباب المرض ثم لا تخف على الإطلاق. هناك الكثير من الجراثيم في كل مكان، لدرجة أنك إذا بدأت تخاف منها فلن تتمكن إطلاقا من الاستمتاع بالحياة... كن شجاعاً.

* * *

واصل الابتسام من الداخل، واشعر بالفرح العميق ينبض في كيانك. كن دوماً على استعداد للعمل، وامتلك الطموح الروحي لمساعدة الآخرين. هذه المواقف النفسية ليست مجرد تمارين جيدة للعقل وحسب، بل تُبقي الجسم مشحوناً بدون توقف بالطاقة

الكونية المتجددة.

* * *

من يجد الفرح داخل نفسه يدرك أن جسمه مشحون بتيار كهربائي وطاقة الحياة، ليس من الطعام بل من الله. إن شعرت أنك غير قادر على الابتسام، قف أمام مرآة وبأصابعك قم بتشكيل فمك في وضع الابتسامة. هذا مهم جداً!...

عندما يكون المرء مبتهجاً من الداخل، يستقطب العون من قوة الله التي لا تنفد. أقصدُ مبتهجاً ابتهاجاً حقيقياً وليس ما تبديه ظاهرياً دون أن تشعر به في داخلك. عندما يكون فرحك نابعاً من الصميم تصبح مليونير ابتسامات. الابتسامة الأصيلة توزع التيار الكوني – برانا\ *prana* – إلى كل خلية من خلايا الجسم. الإنسان السعيد هو أقل عرضة للمرض، لأن السعادة في الواقع تجلب للجسم مدداً أكبر من طاقة الحياة الكونية.

* * *

في خزانة العقل كل سلاسل العبودية وكل مفاتيح الحرية.

* * *

الطاقة الإلهية التي لا تنضب تكمن في القوة العقلية [الإيجابية]، وتلك هي القوة التي تريدها في جسمك. هناك طريقة لجلب تلك القوة إلى الجسم. الطريقة هي التواصل مع الله في التأمل. وعندما يكون تواصلك معه تاماً يصبح الشفاء دائماً.

* * *

قوة التوكيد والصلاة

ربما شعرت بخيبة أمل في الماضي لأن صلواتك لم تُستجب. ولكن لا تفقد الإيمان. الله ليس كائناً كونياً أبكماً عديم الشعور. هو الحب ذاته. إذا كنت تعرف طريقة التأمل للاتصال به، فسوف يستجيب لطلباتك الودية.

❖ ❖ ❖

إن معرفة كيف ومتى نصلّي، وفقاً لطبيعة احتياجاتنا، هو ما يأتي بالنتائج المرجوة. عندما يتم استخدام الطريقة الصحيحة، فإنها تؤدي إلى تفعيل قوانين الله الصحيحة؛ وتفعيل هذه القوانين يؤدي إلى نتائج علمية.

❖ ❖ ❖

القاعدة الأولى هي التوجّه إلى الله بالابتهال لتحقيق رغبات مشروعة فقط، ليس كمتسول بل كابن: كأن تقول "أنا ابنك، وأنت أبي. أنتَ وأنا واحد". عندما ترفع صلاة عميقة ومتواصلة ستشعر بفرح عظيم يغمر قلبك. لا تقنع حتى يظهر ذلك الفرح، لأنك عندما تشعر في قلبك بذلك الفرح الذي يملؤك بالرضا ستعلم أن صلاتك المبثوثة قد وصلت إلى الله وأنه سمعها. ثم صلِّ لأبيك السماوي: "يا رب، هذه هي حاجتي وإنني مستعد للعمل من أجل تحقيقها. من فضلك وجّهني وساعدني كي أفكر الأفكار السليمة وأعمل الأشياء الصحيحة لتحقيق النجاح. سأستخدم عقلي وأعمل بإصرار، إنما وجّه عقلي وإرادتي ونشاطي لعمل الشيء

الصحيح الذي يتوجب عليّ عمله".

❖ ❖ ❖

يجب أن تبتهل إلى الله بعمق وحميمية بصفتك ابنه لأنك كذلك. الله لا يمانع إن صليت له من ذاتك الصغيرة كغريب أو كمتسول، ولكنك إن فعلت ستجد أن جهودك مقيدة بذلك الوعي. الله لا يريدك أن تتخلى عن إرادتك، لأنها حقك الطبيعي المقدس بصفتك ابنه.

❖ ❖ ❖

عندما تكون المطالبة[٩] بأي شيء متواصلة، وتُهمس فكرياً بحماسة لا تكلّ وشجاعة ثابتة وإيمان لا يتزعزع، فإنها تتطور إلى قوة ديناميكية تؤثر تأثيراً كبيراً على كل الوسائل التي تعمل من خلالها قوى الإنسان الواعية واللاشعورية والسامية للحصول على الغرض المطلوب. يجب أن يكون العمل الداخلي للهمس الفكري متواصلاً، لا تصده الانتكاسات ولا تثبطه الظروف المعاكسة. عند ذلك سيتحقق الشيء المرغوب.

❖ ❖ ❖

٩ لقد علّم برمهنسا يوغانندا: "غالباً ما يشير التوسل إلى الشعور بالاستجداء. نحن أبناء الله، ولنا الحق أن نطالب بمودة الاستجابة لصلواتنا المشروعة." إن مبدأ المطالبة بحقنا الطبيعي من الله هو القوة المنشّطة في التوكيد.

طريقة التوكيد

تشتق فاعليات الصوت اللامتناهية من الكلمة الخالقة أوم[١٠] التي هي القوة الاهتزازية الكونية خلف كل الطاقات الذرية. فكل كلمة يتم نطقها بإدراك نقي وجلي وتركيز دقيق وعميق لها قيمة تجسيدية.

❖ ❖ ❖

الكلمات المشبعة بالإخلاص، واليقين، والإيمان، والحدس، هي كالقنابل الاهتزازية شديدة الانفجار، التي – لدى إطلاقها – تحطم صخور المصاعب وتخلق التغيير المرغوب.

❖ ❖ ❖

إن الفكرة اللاشعورية للمرض أو الصحة لها تأثير قوي. الأمراض العقلية أو الجسدية المستعصية لها دوماً جذور عميقة في اللاوعي. يمكن علاج المرض باقتلاع جذوره الخفية. ولهذا السبب يجب أن تكون جميع توكيدات العقل الواعي مؤثِّرة بما يكفي لتتغلغل في العقل الباطن، والذي بدوره يؤثر تلقائياً على العقل الواعي. وهكذا تؤثر التوكيدات القوية الواعية على العقل والجسد من خلال وسيط اللاوعي. أما التوكيدات الأقوى فتصل ليس فقط إلى العقل الباطن، ولكن أيضاً إلى الوعي السامي – المخزن العجيب للقوى الخارقة.

❖ ❖ ❖

١٠ الآمين العظيم أو "كلمة الله". راجع أوم في المسرد.

الأناة والتكرار اليقِظ والذكي يصنعان العجائب. التوكيدات الخاصة بعلاج الآلام العقلية أو الجسدية المزمنة يجب تكرارها غالباً، بعمق واستمرار[١١] مع (تجاهل تام للظروف المتغيرة أو المعاكسة، فيما إن وُجدت)، حتى تصبح جزءاً من قناعات المرء البديهية العميقة.

❖ ❖ ❖

اختر التوكيد الذي تريده وكرره كله، أولا بصوت عالٍ، ثم بهدوء وببطء أكثر، حتى يصبح صوتك همساً. ثم كرر التوكيد تدريجياً في نفسك فقط، دون تحريك اللسان أو الشفتين، حتى تشعر أنك وصلت إلى حالة من التركيز العميق والثابت – هذه الحالة ليست فقداناً للوعي، بل استمرارية في منتهى العمق لتفكيرٍ غير منقطع.

إن تابعت توكيدك الفكري وازددت تعمقاً فستشعر بإحساس من السلام والفرح المتزايدين. وسيندمج توكيدك مع التيار الباطني ليعود مشحوناً بالقوة لإحداث التأثير المطلوب على عقلك الواعي طبقاً لقوانين العادة.

في الفترة التي تشعر فيها بسلام متزايد يتعمّق توكيدك حتى يبلغ الوعي السامي ليعود فيما بعد مشحوناً بقوة غير محدودة

١١ التوكيدات لأغراض محددة ترد في نهاية كل فصل. في كتاب توكيدات شفاء علمية وكتاب تأملات ميتافيزيقية ودروس *Self-Realization Fellowship* يقدم برمهنسا يوغانندا مئات التوكيدات الأخرى للشفاء، وتطوير الذات، وتعميق وعي الإنسان بالله.

للتأثير على عقلك الواعي ولتحقيق أمنياتك. لا تَشُكّ وستلمس بنفسك المعجزات التي يحققها هذا الإيمان العلمي.

❖ ❖ ❖

إن التكرار الأعمى للمناشدات أو التوكيدات، دون أن يصاحبها إخلاص أو حب عفوي، يجعل المرء مجرد "فونوغراف يردد صلوات" ولا يعرف ماذا تعني تلك الصلوات. إن التلفظ بالصلوات بطريقة آلية، والتفكير في نفس الوقت بشيء آخر، لا يجلب استجابة من الله. إن النطق الباطل باسم الله على غير هدى هو أمر عديم الجدوى، في حين تكرار المناشدات أو الصلوات ذهنياً أو شفهياً بمحبة وانتباه عميق، يضفي على الصلاة مسحة روحانية ويحوّل التكرار الواعي والإيماني إلى اختبار الوعي السامي.

تأمّل في معنى الطلب الذي اخترته إلى أن يصبح جزءاً منك، واشحن الطلب بالصدق والإخلاص أثناء تأملك. وإذ تتعمق بتأملك، تعمق بإخلاصك أيضاً وارفع طلبك النابع من أعماق قلبك. املأ نفسك بالإيمان وثق بأن حنين قلبك الذي تعبّر عنه بهذا الطلب المحدد يشعر به الله.

اشعر أن الله يستمع إلى كلمات روحك الصامتة من خلف ستارة المناشدة الوجدانية. اشعر بذلك! كن واحداً مع طلبك – وكن على قناعة تامة بأن الله قد سمع نداءك، ثم قم بأداء واجباتك دون أن تحاول معرفة ما إذا كان الله سيستجيب لطلبك. امتلك إيماناً مطلقاً بأن الله قد استمع لطلبك وأنك سوف تعلم أن ما

لله هو لك أيضاً. تأمل في الله دون انقطاع، وعندما تشعر به ستحصل على ميراثك الطبيعي بصفتك ابنه الإلهي.

❖ ❖ ❖

[قال سري يوكتسوار]: "الله يستجيب للجميع ويعمل من أجل الجميع. ونادراً ما يدرك الناس كم من المرات يستجيب لصلواتهم. فهو ليس متحيّزاً لفئة قليلة دون سواها، بل يستمع لكل من يتوجه إليه ويقترب منه بإيمان وثقة. ويجب أن يمتلك بنوه دوماً إيماناً تاماً برحمة ومحبة أبيهم السماوي الكلي الحضور."

❖ ❖ ❖

يجب تنمية الإيمان، أو بالأحرى الكشف عنه في داخلنا. إنه موجود ولكن لا بد من إظهاره. إذا راقبت حياتك فسوف ترى الطرق التي لا حصر لها التي يعمل بها الله من خلالها؛ وهكذا سيتعزز إيمانك. قليل من الناس ينظرون إلى يده الخفية. معظم الناس يعتبرون أن مسار الأحداث طبيعي ولا يمكن تغييره. ولا يعرفون كثيراً عن التغييرات الجذرية التي يمكن أن تحدث بواسطة الصلاة!

❖ ❖ ❖

تنمية الإيمان بالله

الإيمان الراسخ والمطلق بالله هو أعظم طريقة للشفاء الفوري، والمجهود المتواصل لإيقاظ ذلك الإيمان هو أسمى واجبات الإنسان وأعظمها ثواباً.

❖ ❖ ❖

الإيمان بالله والاعتقاد بالله أمران مختلفان. الإيمان لا قيمة له إذا لم تختبره وتحيا به. الاعتقاد الذي يتحول إلى اختبار يصبح إيماناً.

❖ ❖ ❖

قد ترغب في أن تؤمن؛ وقد تظن أنك تؤمن؛ ولكن إن كنت تؤمن فعلاً فالنتيجة ستكون فورية.

❖ ❖ ❖

لا يوجد تناقض في الإيمان: إنه قناعة يقينية بالحقيقة، ولا يمكن لأدلة مناقضة أن تزعزعه. إنك لا تعرف مدى روعة هذه القوة العظيمة وطريقة عملها. إنها تعمل بدقة العمليات الحسابية. لا يوجد «إذا» حول عمل هذه القوة. وهذا ما يعنيه الكتاب المقدس بالإيمان: الإيقان بأمور لا ترُى[١٢].

❖ ❖ ❖

١٢ "الايمان هو الثقة بما يُرجى والايقان بأمور لا تُرى" (عب: ١١:١).

ثق دوماً ولا تشك أبداً بأن قوة الله تعمل معك. إنها تعمل خلف أفكارك، وصلواتك، وقناعاتك، لتمنحك قوة لامتناهية... إن اعترفت بأن الله يعمل معك في كل الأمور ستجده دوماً معك.

❖ ❖ ❖

يمكن استحضار القوة العظمى بالإيمان المتواصل والصلاة غير المنقطعة. يجب أن تتناول الطعام المناسب وتعمل ما هو ضروري للجسم. ولكن صلِّ لله باستمرار: "يا رب، إنك قادر على شفائي لأنك تتحكم في ذرات الحياة وفي حالات الجسم الدقيقة التي لا يمكن للأطباء الوصول إليها بالعقاقير والأدوية."

❖ ❖ ❖

[قال لاهيري مهاسايا][١٣] بصوت يدوي فرحاً: "اعلم دوماً أن بارام أتما[١٤] قادر على شفاء كل إنسان، سواء بمعونة الأطباء أو بدونها."

❖ ❖ ❖

هذا العالم هو لله، والله هو من يأخذك منه أو يبقيك فيه. إن قال لك الطبيب: "حسناً سأشفيك"، وأراد الله أن يأخذك، فسوف تذهب. لذلك عش حياتك من أجله.

❖ ❖ ❖

١٣ المعلم الروحي لمعلم برمهنسا يوغانندا. راجع المسرد.
١٤ كلمة سنسكريتية تعني "الروح العظمى".

على الشخص المريض أن يحاول جاهداً تخليص نفسه من مرضه. بعد ذلك، حتى لو أعلن الأطباء أنه لا يوجد أمل، يجب عليه أن يحتفظ بهدوئه، لأن الخوف يغمض عيون إيمانه ويحول دون رؤيته للحضرة الإلهية القديرة والرحيمة. وبدلاً من الانغماس في القلق، عليه أن يؤكد: "يا رب، إنني آمن مطمئن على الدوام في حصن رعايتك المفعمة بالمحبة". عندما يصاب المريد الشجاع بمرض عضال لا شفاء منه، يحصر تفكيره بالله ويستعد للتحرر من السجن الجسدي والانطلاق إلى الحياة الآخرة المجيدة في العالم الكوكبي وبذلك يقترب من هدف التحرر الأسمى في حياته القادمة... يجب على جميع الناس أن يدركوا أن وعي الروح يمكنه الانتصار على كل كارثة خارجية...

* * *

حتى الموت هو لا شيء بالنسبة للقوي روحياً. ذات مرة حلمتُ بأنني أحتضر. ومع ذلك كنت أصلّي قائلاً: " لا بأس يا رب، فالخير فيما تريده لي". ثم لمسني فأدركت الحقيقة وقلت لنفسي: "كيف يمكنني أن أموت؟ لا يمكن للموجة أن تموت، إنها فقط تغوص مرة أخرى في المحيط ثم تعود للظهور من جديد. الموجة لا تموت أبداً، ولا يمكنني أبداً أن أموت".

* * *

[أثناء فترة مَرَّ خلالها بتجربة عظيمة، ذهب برمهنسا يوغانندا إلى الصحراء التماساً للخلوة والصلاة. وفي إحدى

الليالي، عندما كان مستغرقاً في تأمل عميق، حصل على هذه الاستجابة الرائعة من الله:]

"اعلم أن رقصة الحياة أو رقصة الموت تأتيان مني، فتهلل وافرح. إنني لك ومعك، فما الذي تريده أكثر من ذلك؟"

❖ ❖ ❖

[الحياة المثالية للنفوس المقدسة هي مصادر لا تنتهي ومنابع لا تنضب من القوة والإلهام للآخرين. الموقف السليم تجاه المعاناة وجَدَ تعبيراً مثالياً في حياة شري غياناماتا (١٨٦٩ - ١٩٥١)،[١٥] التي كانت واحدة من أكثر تلاميذ برمهنسا يوغانندا تقدماً. وكل الذين عرفوها شعروا بسمو روحي بفعل بطولتها الهادئة، وقوتها الروحية، وحبها لله. فهي بقيت راسخة لا تتزعزع بالرغم من المعاناة الجسدية الكبيرة التي تحمّلتها خلال العقدين الأخيرين من حياتها. وإبان الحفل التأبيني الذي أقامه برمهنساجي لها، نطق بهذه الكلمات:]

لقد كانت حياة أختنا شبيهة بحياة القديس فرنسيس الذي تألم حتى عندما كان يساعد الآخرين. لذلك فهي مبعث إلهام عظيم. فطوال تلك السنين التي عانت خلالها، أظهرت أن حبها لله كان

١٥ غياناماتا تعني "أم الحكمة". فمشورتها الحكيمة والمفعمة بالمحبة، وتشجيعها للآخرين يظهر جمالهما في مجموعة رسائلها وقصة حياتها المدونة في كتاب الله وحده *God Alone* – منشورات Self-Realization Fellowship.

أعظم من معاناتها. ولم أرَ أثراً واحداً للألم في عينيها. ولهذا السبب هي قديسة عظيمة – نفس عظيمة – ولهذا السبب أيضاً هي مع الله...

عندما نظرتُ إلى جثمانها في النعش، شعرت بأن روح أختنا قد امتزجت بالأثير في كل مكان، وسمعت صوت الآب السماوي يتحدث إليّ من داخلي: "إن عشرين عاماً من الألم والمعاناة لم تُبعِد حبها عني، وهذا ما أثمّنه في حياتها". لم أتمكن من قول أكثر من ذلك، وأدركت أن للآب السماوي الحق في اختبار حبنا له بالألم، حتى لمدة عشرين سنة أو أكثر، من أجل حصولنا في المقابل على سعادتنا الأبدية والدائمة التجدد التي فقدناها، لأنه خلقنا على صورته.

ثم شعرت ثانية بنشوة الحضور الإلهي وقلت لنفسي: "إن استعادة الأبدية بما فيها من فرح متجدد دائماً وأبداً من خلال عشرين عاماً من تحمّل الألم برصانة ورباطة جأش هو أعظم إنجاز، بنعمة الآب السماوي".

❖ ❖ ❖

إن عشتَ مع الرب، فسوف تشفى من أوهام الحياة والموت، والصحة والمرض. اثبت في الرب واشعر بحبه. لا تخشَ شيئاً. فقط في الحصن الإلهي يمكننا أن نجد أمناً وحماية. ما من ملاذ يوفر الحماية والفرح أكثر من حضور الرب. عندما تكون معه لا يمكن لأي شيء أن يسبب لك القلق..

توكيدات للشفاء

إن الصحة المقدسة الكاملة تتخلل الزوايا المظلمة لمرضي الجسدي. نور الله الشافي يشعُّ في كل خلاياي، فهي سليمة تماماً، لأن كمال الله فيها.

❖ ❖ ❖

إن قوة الشفاء التي مصدرها الروح تتدفق عبر جميع خلايا جسدي. أنا مخلوقٌ من جوهر الله الكوني الواحد.

❖ ❖ ❖

إنني آمن مطمئن في حضرة الله. لا يمكن أن يمسّني الأذى، لأنني في كل حالة من حالات الحياة – المادية، والعقلية، والمالية، والروحية – محميٌّ في قلعة الحضور الإلهي.

الفصل ٥

الأمان في عالم يكتنفه الغموض

الكوارث المفاجئة التي تحدث في الطبيعة وتسبب دماراً وإصابات جماعية، ليست "قضاءً وقدراً". تلك الكوارث هي نتيجة لأفكار وأفعال الإنسان الخاطئة. فكلما اختل الميزان الاهتزازي للخير والشر في العالم، بفعل تراكم الاهتزازات الضارة، الناجمة عن تفكير الإنسان وتصرفه بطريقة خاطئة، ستشاهدون الخراب والدمار...[١]

تندلع الحروب ليس بفعلٍ إلهي مقدّر بل بسبب الأنانية المادية واسعة الانتشار. إن تم القضاء على الأنانية – الفردية، والصناعية، والسياسية، والوطنية – فلن يكون هناك المزيد من الحروب.

❖ ❖ ❖

إن الظروف الفوضوية الحديثة، في جميع أنحاء العالم، هي نتيجة لطرق العيش الخالية من التقوى. بالإمكان حماية الأفراد والأمم من الهلاك التام إن عاشوا طبقاً للمُثل السماوية المتمثلة في الإخاء، والتعاون الصناعي، والتبادل العالمي لخيرات الأرض والخبرات الدنيوية.

❖ ❖ ❖

١ راجع الصفحة ٣٧ حاشية.

أعتقد أنه سيأتي اليوم الذي يزداد فيه التفاهم بين الناس ولن يكون لدينا حدود بعد ذلك. عندئذٍ سندعو الأرض بلدنا، ومن خلال إجراءات العدالة والمحافل الدولية والتجمعات الأممية، سنقوم بتوزيع خيرات العالم دون أنانية واستئثار وفقاً لحاجات الناس. لكن المساواة لا يمكن تأسيسها بالقوة، بل يجب أن تنبع من القلب. يجب أن نبدأ الآن بأنفسنا. ويجب أن نحاول التشبّه بذوي الطبائع الإلهية، الذين يأتون إلى الأرض مراراً وتكراراً كي يرشدوننا إلى الطريق الصحيح. وبمحبتنا لبعضنا البعض والاحتفاظ بفهمنا صافياً نقياً، مثلما علّمونا وأثبتوا لنا، يمكن أن يتحقق السلام.

⋄ ⋄ ⋄

قد تظن أنه لا جدوى من محاولة قهر الكراهية وإلهام الناس كي يسيروا على طرق المحبة تشبهاً بالسيد المسيح. ولكن لم تكن الحاجة كبيرة لذلك كما هي الآن. الأيديولوجيات الإلحادية تحاول إخراج الدين [من حياة الناس]. وفي محاولتنا وقْف العواصف الهائجة، نبدو أننا لسنا أكثر من نمل صغير يسبح في المحيط. لكن لا تستهن بقوتك.

⋄ ⋄ ⋄

الشيء الوحيد الذي سيساعد على التخلص من المعاناة في العالم ــ أكثر من المال، والمساكن، وأي معونات مادية أخرى ــ هو التأمل وجعل الآخرين يشعرون بوعي الله المقدس الذي نشعر به. لا يمكن لألف حاكم مستبد أن يدمّروا ما أمتلكه في

داخلي. دعوا النور الإلهي يشع منكم للآخرين كل يوم. حاولوا أن تعرفوا خطة الله للجنس البشري – اجتذاب كل النفوس ثانية إليه – واعملوا بتوافق مع إرادته.

❖ ❖ ❖

الله محبة، وخطته من أجل الخليقة لا يمكن إلا أن تكون مؤسسة على الحب وحده. ألا تقدم هذه الفكرة البسيطة للقلب البشري عزاءً أكبر من كل الحجج والبراهين الغزيرة؟ إن كل قديس نفذ إلى قلب الحقيقة شهد بأن هناك خطة كونية مقدسة وأنها جميلة ومليئة بالفرح.

❖ ❖ ❖

حالما نتعلم في التأمل كيف نحب الله، سنحب البشرية مثلما نحب أسرتنا. إن الذين وجدوا الله من خلال معرفتهم الذاتية – أولئك الذين اختبروا الله حقيقةً – يمكنهم أن يحبوا البشرية، ليس حباً غير شخصي، بل كما لو كان الناس إخوتهم في الدم، أبناء نفس الأب الأوحد.

❖ ❖ ❖

اعلموا أن نفس الدم الحيوي يجري في عروق كل الأجناس. كيف يجرؤ أي واحد على أن يكره إنساناً آخر، مهما كان عرقه، في حين يحيا الله ويتنفس في الجميع؟ إننا أمريكيون أو هنود أو من قوميات أخرى لسنوات قليلة فقط، لكننا أبناء الله للأبد. لا يمكن تقييد النفس وحصرها داخل حدود من صنع الإنسان. إن

قومية النفس هي الروح الكونية، وبلدها الوجود الكلي.

◆ ◆ ◆

إن اتصلت بالله داخل نفسك، ستعلم أنه موجود في كل شخص، وأنه أصبح أبناء جميع الأعراق. عندئذٍ لا يمكنك أن تكون عدواً لأحد. ولو أن العالم بأسره أحب بتلك المحبة الشاملة، لما احتاج الناس إلى تسليح أنفسهم ضد بعضهم البعض. ومن خلال مثالنا الشبيه بمثال السيد المسيح يجب أن نعمل على تحقيق الوحدة بين كل الأديان، وكل الأمم، وكل الأعراق.

◆ ◆ ◆

المشاركات الوجدانية الكبيرة والبصيرة المميزة اللازمة لشفاء المآسي والأحزان الأرضية لا تنبع من مجرد التفهّم العقلي للفوارق البشرية، بل من معرفة أعمق ما يوحّد البشر – صلتهم بالله. ولتحقيق المثل الأسمى في العالم – السلام عن طريق الإخاء الإنساني نأمل في أن تنتشر اليوغا – علم الاتصال الشخصي بالله – في الوقت المناسب لكل الناس وفي كل البلدان.

◆ ◆ ◆

إن مسار الأحداث السياسية في العالم المحفوف بالقلق والإحباط ينبئ بما لا يتطرق إليه الشك عن أن البشر يهلكون بدون بصيرة روحية. فالعلم، إن لم يكن الدين، قد أيقظ في البشر شعوراً قاتماً من عدم الطمأنينة والطبيعة الواهية لكل الأشياء المادية. فإلى أين يمكن للإنسان أن يذهب الآن إن لم يكن إلى

مصدره وأصله الإلهي، إلى الروح في داخله؟

❖ ❖ ❖

سوف يرى العصر الذري الجديد عقول الناس وقد تيقظت واتسع أفقها بسبب الحقيقة العلمية التي لا تُدحض بأن المادة هي في الحقيقة طاقة مركّزة. فالعقل البشري بمقدوره أن يطلق – وينبغي أن يطلق – طاقات تفوق ما بداخل الأحجار والمعادن، لئلا ينقلب المارد الذري المادي، الذي أطلق له العنان مؤخراً، على العالم بتدمير طائش. وهناك فائدة غير مباشرة من قلق البشر من القنابل الذرية تدفعهم إلى الاهتمام العملي المتزايد بعلم اليوغا الذي هو بالفعل "ملجأ مقاوم للقنابل".

❖ ❖ ❖

سيكون هناك دائماً اضطرابات ومشاكل في هذا العالم. فما الذي يقلقك؟ اذهب إلى الملاذ الإلهي الذي ذهب إليه المعلمون حيث يشاهدون منه العالم ويساعدونه. ستجد فيه الأمن والأمان الدائمين، ليس لنفسك فقط، بل لأحبائك الذين ائتمنك إلهنا وأبونا السماوي عليهم ووضعهم في عهدتك وتحت رعايتك.

❖ ❖ ❖

السعادة الحقيقية والدائمة تكمن فقط في الله "الذي – لمن يحظى بالقرب منه – لا يوجد مكسب أعظم وأكثر فائدة".[٢] ففيه

٢ إعادة صياغة للفقرة ٦: ٢٢ من البهاغافاد غيتا.

الأمان الوحيد، ولا أمان ولا حرية بدونه في العالم. الحرية الحقيقية الوحيدة تكمن في الله. لذلك اعمل ما بوسعك للاتصال به في التأمل صباحاً ومساءً، وأيضاً طوال اليوم في كل ما تقوم به من أعمال وما تنجزه من واجبات. اليوغا تعلّم أنه حيثما يوجد الله لا وجود للخوف، ولا وجود للحزن. اليوغي[٣] الناجح يمكنه أن يقف صامداً وسط العوالم المتصادمة، آمناً مطمئناً ولسان حاله يقول: "يا رب، حيثما أكون لا بد أن تكون موجوداً معي".

❖ ❖ ❖

لا تتعلق بأحلام الحياة العابرة. عش من أجل الله وحده. تلك هي الطريقة الوحيدة للحصول على الحرية والأمان في هذا العالم. لا يوجد أمان خارج الله. فالخداع يمكنه مهاجمتك أينما ذهبت. تحرَّر الآن. كن ابناً لله الآن. تأكد أنك ابنه كي تتخلص للأبد من أحلام الوهم.[٤] تأمل بعمق وإخلاص، وستستيقظ يوماً ما في نشوة روحية مع الله، وسترى كم هو من غير الحكمة أن يفكر الناس بأنهم يعانون. فأنت وأنا وهم جوهرنا من جوهر الروح الإلهي النقي.

❖ ❖ ❖

لا تخف من الحلم المخيف لهذا العالم. استيقظ في نور الله الأبدي! كان هناك وقت عندما بدت الحياة بالنسبة لي كأنني أشاهد

٣ راجع المسرد
٤ راجع مايافي المسرد

فيلماً مرعباً رغماً عني، وكنت أبدي اهتماماً كبيراً بالمآسي التي
يتم عرضها في الفيلم. بعد ذلك، وفي أحد الأيام عندما كنت أتأمل،
ظهر نور عظيم في غرفتي وسمعت صوت الله يقول لي: "بماذا
تحلم؟ انظر نوري الأبدي حيث العديد من كوابيس العالم تظهر
وتتلاشى. إنها ليست حقيقية". ويا له من عزاء كبير تضمنته تلك
الكلمات! فالكوابيس، مهما كانت مرعبة، هي مجرد كوابيس.
والأفلام، سواء كانت ممتعة أو مزعجة، هي مجرد أفلام يجب
ألّا نُبقي عقولنا مستغرقة في مآسي هذه الحياة المحزنة والمروعة.
أليس من الحكمة أن نركّز انتباهنا على تلك القوة الإلهية غير
القابلة للتدمير والتغيير؟ لماذا القلق بشأن المفاجآت غير السارة
في الحبكة الكامنة في أفلام هذا العالم؟ إننا هنا لفترة قصيرة فقط.
تعلّم الدرس من مسرحية الحياة واعثر على حريتك.

❖ ❖ ❖

إن تحت ظلال هذه الحياة يوجد نور الله المدهش العجيب.
الكون هو معبد واسع لحضوره. عندما تتأمل، ستجد أبواباً تُفتح
إلى حضرته في كل مكان. وعندما تتناغم معه، لا تستطيع كل
ويلات العالم أن تنتزع ذلك الفرح والسلام منك.

_____

توكيد

في الحياة والموت، في المرض والمجاعة، وفي الوباء أو
الفاقة والحرمان، دعني يا رب أعتصم بك على الدوام. وساعدني
كي أدرك أنني روحٌ أبديّ، لا تمسني تقلّبات الطفولة والشباب
والشيخوخة واضطرابات العالم الخطيرة.

الفصل ٦

أقوال حكيمة لحل المشاكل واتخاذ قرارات حياتية

العالم سيستمر على هذا المنوال في صعوده وهبوطه وإيجابياته وسلبياته. فأين يمكننا أن نبحث عن الإحساس بـالاتجاه [الصحيح]؟ ليس في التحيزات التي تثيرها في داخلنا عاداتنا ومؤثرات بيئتنا العائلية، وبلدنا، وعالمنا؛ بل إلى الصوت الداخلي: صوت الحق الذي فيه الهداية والإرشاد.

❖ ❖ ❖

الحق ليس نظرية ولا منظومة فلسفية تخمينية. الحق مطابق تمام المطابقة للحقيقة. وبالنسبة للإنسان، الحق هو المعرفة الراسخة لطبيعته الحقيقية – لذاته كروح.

❖ ❖ ❖

في الحياة اليومية، الحق هو وعيٌ موجّهٌ بالحكمة الروحية، يستحثنا لعمل أشياء محددة، ليس لأن أي شخص يقول ذلك، بل لأن تلك الأشياء صحيحة ومن الصواب عملها.

❖ ❖ ❖

عندما تكون على تواصل مباشر مع خالق هذا الكون، فأنت على تواصل مباشر مع كل حكمة وفهم.

* * *

ليس ما يُضخ في العقل من الخارج هو ما يمنح الحكمة، بل قوة ومدى تقبّلك الداخلي هو ما يحدد سرعة ومقدار ما يمكنك الحصول عليه من المعرفة الحقيقية.

* * *

عندما تنشأ مشكلة، فبدلاً من التفكير المتواصل بها، فكّر بوسيلة عملية ممكنة للتخلص منها. إن كنت غير قادر على التفكير، قارن مشكلتك الخاصة بمشاكل الآخرين المشابهة لها، وتعلّم من تجاربهم الطرق التي تقود إلى الفشل وتلك التي تؤدي للنجاح. اختر تلك الخطوات التي تبدو منطقية وعملية، ثم اعمل على تطبيقها. إن مكتبة الكون كلها محجوبة في داخلك. كل الأشياء التي تريد أن تعرفها موجودة داخل نفسك. ولكي تُظهر تلك الأشياء، فكّر بطريقة إبداعية.

* * *

قد تكون قلقاً للغاية بشأن طفلك، أو صحتك، أو تسديد القرض العقاري. وإذ يتعذر عليك العثور على حل فوري، تبدأ بالقلق حيال الوضع الذي أنت فيه. وما الذي ستحصل عليه نتيجة للقلق؟ تحصل على الصداع والعصبية ومشاكل القلب. ولأنك لا تحلل نفسك ومشاكلك بصراحة ووضوح، لا تعرف كيف تتحكم

في مشاعرك أو الظرف الذي يواجهك. وبدلاً من إضاعة الوقت في القلق، فكر بإيجابية في كيفية إزالة سبب المشكلة. إذا كنت تريد التخلص من مشكلة ما، قم بتحليل الصعوبة التي تواجهها بهدوء، وحدد إيجابيات وسلبيات المسألة نقطة بنقطة؛ ثم حدد أفضل الخطوات لتحقيق هدفك.

◊ ◊ ◊

هناك دائماً طريقة للخروج من مشاكلك؛ وإذا صرفت الوقت الكافي للتفكير بوضوح وفي كيفية التخلص من سبب قلقك بدلاً من مجرد الشعور بالخوف حياله، تصبح سيداً.

◊ ◊ ◊

يمكنك بقوة التركيز والتأمل توجيه قوتك العقلية التي لا تنضب لتحقيق ما تصبو إليه ولسد كل أبواب الفشل. كل الناجحين من الرجال والنساء يخصصون قدراً كبيراً من وقتهم للتركيز[1] الذهني العميق. إنهم قادرون على الغوص العميق في عقولهم والعثور على لآلئ ودرر الحلول الصحيحة للمشاكل التي تواجههم. فإن تعلمت كيف تحرر ذهنك من كل المشوشات والمشتتات وتركزه على شيء واحد فأنت أيضاً ستعرف كيف تجذب بقوة الإرادة كل ما تحاج إليه.

◊ ◊ ◊

---

١ إشارة إلى أساليب اليوغا العلمية للتركيز التي يتم تلقينها في دروس
Self-Realization Fellowship.

تنمية الحكم التمييزي

عندما يكون العقل هادئاً، ستدرك كل شيء بسرعة وسلاسة وعلى نحو رائع.

❖ ❖ ❖

الشخص الهادئ يعكس الراحة في عينيه، والذكاء الحاد في وجهه، والتقبّل الصحيح في عقله. إنه يتخذ إجراءات حاسمة وسريعة، لكنه لا يتصرف وفقاً للدوافع والرغبات التي تخطر فجأة على باله.

❖ ❖ ❖

فكّر أولاً ودائماً بالذي ستفعله وكيف سيكون تأثيره عليك. التصرف وفق الاندفاع وبدون تفكير ليس حرية، لأنك ستصبح مقيداً بالنتائج غير المُرضية للأفعال الخاطئة. ولكن عمل تلك الأشياء التي يخبرك تمييزك [السليم] بأن القيام بها مفيد لك يمنح حرية تامة. ذلك النهج من التصرف الموجّه بالحكمة يجعل الحياة رائعة ومقدسة.

❖ ❖ ❖

يجب ألّا يكون الشخص إنساناً آلياً من الناحية النفسية، كالحيوان الذي يعمل فقط حسبما تسيّره الغريزة. العيش دون تفكير هو خطيئة كبرى ضد الروح التي تسكن في داخلك. يُتوقع أن نكون على دراية واعية بما نفعله. يجب أن نفكر ملياً قبل أن نفعل. ويجب أن نتعلم كيف نستخدم عقولنا بحيث يمكننا أن نرتقي

وندرك وحدتنا مع الخالق. وكل ما نفعله يجب أن يكون نتيجة لتفكير مدروس.

❖ ❖ ❖

اقترفت إحدى التلميذات خطأً جسيماً، فتأسفت وقالت: "لقد عملتُ دوماً على تنمية العادات الطيبة، ولم أتصور أن مثل هذا الحظ السيء سيحدث لي".

فقال برمهنسا يوغانندا: "غلطتك كانت نتيجة اعتمادك الكبير على عاداتك الطيبة وإغفالك تمرين الحكم الصائب. عاداتك الطيبة تساعدك في الظروف العادية والمألوفة، لكنها قد لا تكفي لتوجيهك عند حدوث المشاكل حيث تمس الحاجة للقدرة على التمييز. بالتأمل العميق ستتمكنين دوماً من اختيار المسار الصحيح في كل شيء، حتى لو واجهتك ظروف غير عادية".

ثم أضاف: "الإنسان ليس آلة ذاتية الحركة، ولذلك لا يمكنه دوماً أن يحيا بحكمة بمجرد اتباعه مجموعة من القواعد الأدبية الصارمة. ووسط الكم الكبير من المشاكل والأحداث المتعددة نجد مجالاً لتنمية التمييز السليم والحكم الصائب".

❖ ❖ ❖

الحكم الصائب هو تعبير طبيعي عن الحكمة ويعتمد اعتماداً مباشراً على الانسجام الداخلي، الذي هو اتزان عقلي. عندما يفتقر العقل للانسجام يكون بلا سلام. وبدون سلام يفتقر إلى الحكم الرشيد والحكمة. الحياة مليئة بالمطبات والضربات العنيفة. وفي ساعات التجارب والمحن، التي تتطلب منك التفكير بتعقّل

والتمييز الدقيق، إن احتفظت بتوازنك العقلي ستحقق النصر. الانسجام الداخلي هو أعظم سند لك في تحمّل أعباء الحياة.

❖ ❖ ❖

القلق – الذي يشوش الفكر ويشتته – يجعل الرؤية ضبابية ويسبب سوء الفهم. والانفعالات أيضاً تجعل رؤيتك غير واضحة. وهذا ينطبق أيضاً على الحالة المزاجية. معظم الناس يتصرفون ليس بدافع الفهم، بل بحسب مزاجهم.

❖ ❖ ❖

الفهم هو رؤية كيانك الباطني، وهو بصيرة روحك، وتلسكوب قلبك. الفهم هو التوازن بين العقل الهادئ ونقاء القلب... الانفعال هو شعور مشوّه يدفعك للقيام بالشيء الخطأ. الفهم الموجَّه بالذكاء لا غير هو خشن ويفتقر للتعاطف، وسيوعز لك أيضاً بالتصرف بطريقة خاطئة... يجب أن تمتلك فهماً متوازناً. إن كان فهمك محكوماً بالقلب والرأس معاً، فإنك بذلك تمتلك رؤية صافية تبصر بواسطتها نفسك والآخرين.

❖ ❖ ❖

يجب أن تحلل الكثير من التحيزات والأحكام المسبقة التي يخضع لها فهمك. في كل مرة تتخذ قراراً أو إجراءً، اسأل نفسك إن كنت تفعل ذلك بدافع الفهم، أو عن طريق الانفعال أو بفعل تأثير ضار على عقلك. طالما أنت خاضع للجشع أو الغضب؛ وطالما أنت متأثر بالتفكير المتحامل على الآخرين وفهمهم

بطريقة خاطئة، سيبقى فهمك ملتبساً ويفتقر للوضوح.

❖ ❖ ❖

باستطاعة فكر الإنسان تمييز إيجابيات وسلبيات الأفعال الطيبة والسيئة على السواء. وبالرغم من ذلك لا يمكن الركون إليه لأنه أصلاً غير جدير بالثقة. القدرة على التمييز تعترف فقط بمعيار واحد ثابت هو بصيرة الروح.

❖ ❖ ❖

تصوروا شخصين إثنين، عن يمينهما وادي الحياة وعن يسارهما وادي الموت. كلاهما ذو عقل وإدراك، ولكن أحدهما يسير باتجاه اليمين والآخر باتجاه اليسار. لماذا؟ لأن الأول أحسن استخدام قوة تمييزه والآخر أساء استعمال تلك القوة بانهماكه بالتحليلات العقيمة والتعليلات الزائفة.

❖ ❖ ❖

راقب دوافعك في كل شيء. الشخص الشرِه واليوغي كلاهما يأكل. ولكن هل تستطيع القول إن الأكل خطيئة لأنه غالباً ما يقترن بالشره؟ لا. الخطيئة تكمن في الفكر، وفي الدافع. الشخص الدنيوي يأكل ليُشبع شراهته، أما اليوغي فيأكل لإبقاء جسده في حالة سليمة. والفرق كبير بين هذا وذاك. وبالمثل، أحد الأشخاص يرتكب جريمة قتل ويُشنق نتيجة لذلك، بينما شخص آخر يقتل أناساً كثيرين في ساحة المعركة دفاعاً عن بلده ويُمنح ميدالية. مرة أخرى، الدافع هو الذي يصنع الفرق. الأخلاقيون

يضعون قواعد مطلقة، لكنني أعطيك أمثلة لأبيّن لك كيف يمكنك أن تعيش في عالم النسبية هذا بحيث تتحكم بمشاعرك دون أن تتصرف كإنسان آلي.

❖ ❖ ❖

الطريقة العلمية للعيش هي أن تتوجه إلى داخلك وتسأل نفسك إن كنت تفعل الصواب أو الخطأ، وأن تكون مخلصاً تمام الإخلاص مع نفسك. إن كنت مخلصاً مع نفسك، فمن المستبعد أن ترتكب خطأً؛ وحتى إن فعلت ستتمكن سريعاً من تصحيح نفسك.

❖ ❖ ❖

كل صباح وكل مساء ادخل إلى محراب السكون أو التأمل العميق، لأن التأمل هو الطريقة الوحيدة للتمييز بين الصواب والخطأ.

❖ ❖ ❖

تعلّم كيف تجعل ضميرك دليلك ومرشدك. فالضمير هو القوة التمييزية في داخلك.

❖ ❖ ❖

الله هو الهمسة في معبد ضميرك، وهو نور البصيرة. أنت تعرف عندما تفعل الخطأ لأن كيانك بأسره يخبرك بذلك، والشعور الذي ينتابك هو صوت الله. إن لم تصغِ له يصبح صامتاً. ولكن عندما تستيقظ من أوهامك، وترغب في فعل الصواب، سوف يرشدك ويهديك.

❖ ❖ ❖

باتباعك الدائم للصوت الداخلي، الذي هو صوت الله، ستصبح بالتأكيد شخصاً أخلاقياً، وكائناً متقدماً جداً في الروحيات، وإنساناً محباً للسلام.

❖ ❖ ❖

الحدس: بصيرة النفس

الحدس هو موجّه النفس، ويظهر فعلاً في الإنسان في تلك اللحظات التي يكون فيها العقل هادئاً... وغاية علم اليوغا هي تهدئة العقل حتى يتمكن من سماع إرشاد الصوت الباطني المعصوم من الخطأ، دون تحريف أو تشويه.

❖ ❖ ❖

[قال لاهيري مهاسايا]: "حلّوا كل مشاكلكم عن طريق التأمل. تناغموا مع الإرشاد الباطني الحقيقي واعلموا أن الصوت الإلهي لديه الحل لكل معضلة من معضلات الحياة. وإن كانت براعة الإنسان تورطه في متاعب تبدو لا نهاية لها فالعون الإلهي لا حدود له."

❖ ❖ ❖

الله يريدنا أن نعتمد عليه وحده، لكن هذا لا يعني أن نتوقف عن التفكير [بما يتوجب علينا فعله]. هو يريدك أن تستخدم مبادرتك الشخصية. والمقصود هو: إن لم تعمل أولاً على تحقيق تناغم واعٍ مع الله فإنك تفصل نفسك عن المصدر الأعظم ولن

تتمكن من الحصول على العون الإلهي. وفي كل الأمور، عندما تذهب إلى الله أولاً، سيهديك ويبين لك أخطاءك بحيث يمكنك تغيير نفسك وتعديل مسار حياتك.

◆ ◆ ◆

تذكّر أن أعظم من مليون فكرة تفكرها هو أن تجلس في التأمل وتتفكر في الله حتى تشعر بالهدوء في داخلك. ثم قل للرب: "لا أستطيع أن أحل مشكلتي لوحدي، حتى لو فكرت ملايين الأفكار المختلفة؛ ولكن يمكنني حلّها بوضعها بين يديك، وطلب إرشادك أولاً، ثم متابعة التفكير في زوايا مختلفة لإيجاد حل ممكن". الله يساعد الذين يساعدون أنفسهم. وعندما يكون ذهنك هادئاً وممتلئاً بالإيمان بعد الصلاة إلى الله في التأمل، ستتمكن من الحصول على إجابات ورؤية حلول متنوعة لمشاكلك. وبما أن عقلك هادئ، ستتمكن من انتقاء الحل الأفضل. اتبع ذلك الحل وسوف تنجح في مسعاك. وهذا هو تطبيق عِلم الدين في حياتك اليومية.

◆ ◆ ◆

[قال سري يوكتسوار]: "الحياة البشرية محاطة بالمنغصات والأحزان إلى أن نعرف كيف نتوافق مع الإرادة الإلهية التي في كثير من الأحيان يحيّر 'مسارها الصحيح' عقول الأنانيين. الله وحده يتحمل عبء الكون، وهو وحده القادر على إسداء المشورة الصائبة وتقديم الإرشاد السديد."

◆ ◆ ◆

عندما نعرف الآب السماوي، سنحصل على الحلول، ليس فقط لمشكلاتنا، بل أيضاً لتلك التي تعصف بالعالم. لماذا نعيش، ولماذا نموت؟ لما تحصل الأحداث الحاضرة، ولماذا حصلت في الماضي؟ لا أعتقد أبداً أنه سيأتي إلى الأرض أي قديس ويجيب على كل أسئلة جميع البشر. ولكن في معبد التأمل سنجد حلاً لكل مشكلة تؤرقنا وتجلب لنا المتاعب. وعندما نتواصل مع الله سنعرف الإجابات على ألغاز الحياة، ونعثر على الحلول لكل مشاكلنا.

_____

توكيد

أبانا السماوي، سأفكر وسأستخدم إرادتي وسأعمل،
ولكن وجّه عقلي وإرادتي ونشاطي لعمل الأشياء
الصحيحة التي يتوجب عليّ فعلها!

الفصل ٧

تحقيق أهدافك

لا شيء مستحيل، إلّا إذا فكّرت أنه مستحيل.

❖ ❖ ❖

أنت كبشر محدود ومقيّد، ولكن كابن لله أنت غير مقيّد ولا حدود لك... ركّز انتباهك على الله واحصر اهتمامك به وستحصل على كل القوة التي تحتاجها، لتستخدمها في أي اتجاه.

استخدام قوة الإرادة الديناميكية

الإرادة هي أداة صورة الله الكامنة في داخلك. ففي لإرادة تكمن قوّته غير المحدودة: القوة التي تتحكم بكل قوى الطبيعة. ولأنك مخلوق على صورته، فإن تلك القوة هي لك كي تحقق كل ما تتمناه.

❖ ❖ ❖

عندما تعتزم القيام بأشياء جيدة، سوف تتمكن من إنجازها فيما إذا استخدمت قوة الإرادة الديناميكية في سعيك المتواصل لتحقيق تلك الأشياء. ومهما كانت الظروف، إذا واصلت المحاولة، فسيخلق الله الوسائل التي من خلالها ستتمكن إرادتك من تحقيق

هدفك المنشود. هذه هي الحقيقة التي أشار إليها السيد المسيح عندما قال: "إن كان لكم إيمان ولا تشكّون... لكنتم تقولون لهذا الجبل: انتقل وانطرح في البحر، فيكون". [١]

استخدم إرادتك بصورة مستمرة، مهما كانت العراقيل والمعوقات، لأن استخدامها سيجلب النجاح والصحة والقوة لمساعدة الناس، وفوق كل شيء، سينتج التواصل مع الله.

* * *

حالما تقول: "أريد وأقرّر"، لا تستسلم. إن قلتَ: "لن أصاب بالزكام"، وفي صباح اليوم التالي وجدتَ أنك مصاب بزكام قوي وشعرت بالإحباط، فإنك تسمح لإرادتك بأن تبقى ضعيفة. يجب ألّا تشعر بالإحباط عندما تجد أن شيئاً ما يحدث خلافاً لما أكّدته لنفسك. استمر في إيمانك، مدركاً بأن ما عقدتَ العزم على تحقيقه سيتحقق. إن قلتَ ظاهرياً: "أريد وأقرر"، ولكن فكرتَ بينك وبين نفسك: "لا أستطيع"، تكون بذلك قد قمت بتحييد قوة الفكر وأضعفتَ إرادتك.

* * *

إذا كنت تريد منزلاً، وقال لك عقلك: "أيها الساذج، لا يمكنك شراء منزل"، فيجب عليك أن تجعل إرادتك أقوى. عندما تختفي كلمة "لا أستطيع" من عقلك، تأتي القوة الإلهية. لن ينزل عليك بيت من السماء. عليك أن تشحن قوة الإرادة بصورة متواصلة

<hr>

١ متى ٢١:٢١

من خلال القيام بالأعمال البنّاءة. عندما تثابر، وترفض قبول الفشل، فلا بد أن يتحقق هدف إرادتك. وعندما تعمل باستمرار على تفعيل إرادتك بالأفكار والأنشطة [الإيجابية]، فإن ما ترغب فيه لا بد أن يتحقق. وحتى إن كان الشيء الذي تريده غير موجود في العالم، إن واظبت على تمرين إرادتك، فإن النتيجة المرجوة ستتحقق بطريقة أو بأخرى.

❖ ❖ ❖

إن عقل الإنسان العادي مليء بـ "لا أستطيع". ولأنه مولود في أسرة ذات خصائص وعادات محددة، فإنه يتأثر بها ويظن أنه غير قادر على عمل أشياء معينة. على سبيل المثال: لا يستطيع أن يمشي كثيراً، أو يتناول هذا النوع من الطعام، أو لا يطيق هذا أو ذاك. يجب التخلص من تلك العبارات التي توحي بعدم القدرة. في داخلك القوة لإنجاز كل ما تريده، وتلك القوة تكمن في الإرادة.

❖ ❖ ❖

إذا تمسكت بفكرة ما، بإرادة وإصرار، فإنها ستتخذ في نهاية المطاف شكلاً ظاهراً ومحسوساً.

❖ ❖ ❖

إن التمّسك بفكرة معينة بإرادة ديناميكية يعني الاحتفاظ بتلك الفكرة إلى أن تتحول إلى قوة ديناميكية. وعندما تصبح الفكرة ديناميكية بقوة الإرادة، يمكنها أن تتخذ شكلاً منظوراً طبقاً للنموذج العقلي الذي قمت بتصميمه.

❖ ❖ ❖

كيف يمكنك تنمية الإرادة؟ اختر شيئاً تعتقد أنك لا تستطيع إنجازه، ثم حاول بكل ما أوتيت من قوة أن تفعل ذلك الشيء. وعندما تحقق النجاح، انتقل إلى شيء أكبر وواصل تمرين قوة إرادتك بهذه الطريقة. إن كانت صعوبتك كبيرة، ابتهل بعمق: "يا رب، امنحني القوة للتغلب على مصاعبي". يجب أن تستخدم قوة إرادتك، بغض النظر من أنت أو ما هو وضعك. يجب أن تتخذ القرار. استخدم قوة الإرادة هذه في مجال العمل وفي التأمل.

❖ ❖ ❖

بعد التفكير الهادئ، إن تأكدتَ من أن الذي تنوي عمله هو الصواب، عندئذ يجب أن لا يقدر أحد على إيقافك. لو كنتُ بلا عمل فسأهز العالم بأسره إلى أن يقول الناس: "اعطوه عملاً لإبقائه هادئاً!".

❖ ❖ ❖

إن كنت قد أقنعت نفسك بأنك إنسان عاجز، وإن سمحت لأي شخص آخر بإقناعك بأنك لا تستطيع الحصول على عمل، فهذا يعني أنك قد حكمت على نفسك بأنك محبط ولا أمل يرتجى منك. لا يوجد حكم من الله أو القدر بأن تبقى فقيراً أو عرضة للهموم والقلق، بل أنت الذي تصدر الحكم على نفسك. إذا استخدمت إرادتك المظفرة، الممنوحة لك من الله، وأقنعت نفسك ― حتى ضد كل آراء المجتمع السلبية ― بأنك لن تُترك لتعاني من الصعوبات، فستشعر بقوة إلهية تحل عليك وسترى أن مغناطيسية تلك القناعة وهذه القوة تفتح أمامك طرقاً جديدة.

❖ ❖ ❖

التعامل بطريقة بنّاءة مع الفشل

إن فصل الفشل هو أنسب وقت لغرس بذور النجاح. لطمات ولكمات الظروف قد تسبب لك الكدمات والرضوض، ولكن احتفظ بهامتك عالية. قم دوماً بمحاولة أخرى جديدة بغض النظر عن عدد المرات التي فشلت بها. كافح عندما تفكر أنه لا قدرة لك على المزيد من الكفاح، أو عندما تفكر بأنك بذلت أفضل ما لديك من مجهود، أو إلى أن تتكلل مساعيك بالنجاح.

❖ ❖ ❖

تعلّم كيفية استخدام سيكولوجية النصر. ينصح بعض الناس بالقول: "لا تتحدث عن الفشل على الإطلاق". لكن هذا وحده لن يساعد. أولاً، قم بتحليل فشلك وأسبابه، واستفد من التجربة، ثم ابعد عنك كل التفكير به. الشخص الذي يواصل كفاحه، والذي لا يُهزم من الداخل، هو شخص منتصر حقاً على الرغم من أنه فشل مرات عديدة.

❖ ❖ ❖

قد تكون الحياة مظلمة قاتمة، وقد تأتي المصاعب والمتاعب، وقد تفلت الفرص من يدك دون أن تستفيد منها، ولكن لا تقل أبداً بينك وبين نفسك: "لقد تخلى عني الله وانتهى أمري". من يمكنه أن يفعل أي شيء لهذا النوع من الأشخاص؟ عائلتك قد تنبذك؛

وقد يبدو الحظ السعيد أنه ابتعد عنك؛ وكل قوى البشر والطبيعة قد تتألب ضدك؛ وبالرغم من ذلك يمكنك - بروح المبادرة الإلهية التي في داخلك - أن تقهر كل هجمة من هجمات القَدَر الذي صنعته بأفعالك الخاطئة الماضية، وأن تمضي قُدماً إلى الفردوس منتصراً ظافراً.

❖ ❖ ❖

إن كنتَ موجّهاً بالوعي الإلهي، فحتى لو بدا المستقبل مظلماً تماماً، سيتحسن كل شيء وستتنصلح الأمور في نهاية المطاف. عندما يأخذ الله بيدك ويهديك فلا يمكن أن تفشل.

❖ ❖ ❖

تخلّص من فكرة أن الرب بقوته العجيبة بعيد في السماء وأنك مجرد مخلوق صغير عاجز ومطمور تحت كومة من الصعوبات هنا على الأرض. تذكّر أن وراء إرادتك تكمن الإرادة الإلهية العظيمة.

❖ ❖ ❖

إن التعثر والسقوط على الدروب الخاطئة هو ضعف مؤقت فحسب. لا تفكر أنك ضعت بالمرة. إن نفس الأرض التي سقطتَ عليها يمكن استخدامها لدعمك ومساعدتك على النهوض ثانية، فيما إذا تعلمت من تجاربك.

❖ ❖ ❖

إن أدركتَ أنك ارتكبت خطأً وصممتَ تصميماً قاطعاً على

عدم فعله ثانية، فحتى وإن سقطت، سيكون وقع تلك السقطة أقل بكثير مما لو أنك لم تصمم ولم تحاول أبداً.

٭ ٭ ٭

عندما يحلّ شتاء التجارب والمحن، تتساقط بعض أوراق الحياة. هذا أمر طبيعي لا يدعو للقلق. واجه الأمور بجرأة وارتياح. قل: "لا بأس، الصيف قادم وسوف أتفتح وأزهر من جديد". لقد وهب الله للشجرة قوة داخلية كي تنجو من أكثر فصول الشتاء قساوة. ونصيبك من القوة ليس أقل من نصيب الشجرة. إن فصل شتاء الحياة لا يأتي للقضاء عليك، بل لينشّطك ويوقظ فيك حماساً جديداً، ويجعلك تبذل مجهوداً بنّاءً يزهر في الربيع فرصاً جديدة تأتي لكل واحد. يجب أن تقول لنفسك: "فصل شتاء حياتي لن يدوم طويلاً، وسأنجو من قبضة هذه التجارب، ولسوف أنبتُ أوراقاً من تحسين الذات وزهوراً من التقدم والارتقاء. ومن جديد سيجثم طائر الفردوس على أغصان حياتي".

٭ ٭ ٭

بغض النظر عن عدد المرات التي فشلت فيها، استمر في المحاولة. ومهما يحدث، إن عقدتَ العزم وأكدت لنفسك قائلاً: "قد تتحطم الأرض ومع ذلك سأستمر في بذل قصارى جهدي"، فإنك بذلك تستخدم إرادة ديناميكية، وسوف يُكتب لك النجاح. تلك الإرادة الديناميكية هي ما يجعل أحد الأشخاص غنياً، وأحدهم قوياً، وأحدهم قديساً.

٭ ٭ ٭

التركيز: مفتاح النجاح

إن السبب الأساسي للعديد من الإخفاقات في الحياة يعود إلى عدم تركيز الانتباه. الانتباه يشبه المصباح الكشاف الذي عندما يكون شعاعه منتشراً فوق مساحة واسعة تصبح قوة تركيزه على شيء محدد ضعيفة. ولكن عند تركيز الشعاع على شيء واحد في المرة الواحدة يصبح قوياً. العظماء هم أصحاب تركيز، فهم يضعون عقلهم كله على شيء واحد في المرة الواحدة.

يجب أن يعرف الشخص الطريقة العلمية للتركيز[٢] الذي بواسطته يمكنه فصل انتباهه عن المشتتات وتركيزه على شيء واحد في المرة الواحدة. باستخدام قوة التركيز يمكن للإنسان استخدام قوة العقل غير المحدودة لإنجاز ما يرغبه، كما يمكنه حراسة كل الأبواب التي قد يتسلل منها الفشل.

✦ ✦ ✦

كثيرون من الأشخاص يفكرون أن أعمالهم يجب أن تكون إما متوترة أو بطيئة. وهذا تفكير خاطئ. إن احتفظت بهدوئك بتركيز شديد ستنجز كل واجباتك بالسرعة الصحيحة.

✦ ✦ ✦

الشخص الهادئ يجعل حواسه مرتبطة تماماً مع البيئة التي يضع نفسه فيها. أما الشخص المضطرب فلا يلاحظ شيئاً، ونتيجة

---

٢ يتم تلقينها في دروس *Self-Realization Fellowship*

لذلك يجلب المشاكل لنفسه وللآخرين ويسيء فهم كل شيء... لا تقم أبداً بتغيير مركز تركيزك من الهدوء إلى القلق. ولا تمارس أنشطتك إلّا بذهن مركّز.

❖ ❖ ❖

قم دوماً بتركيز عقلك بالكامل على الشيء الذي تفعله، مهما كان صغيراً أو مهما بدا عديم الأهمية. وتعلّم أيضاً الاحتفاظ بعقلك مرناً بحيث يمكنك تحويل انتباهك في أي لحظة. وقبل كل شيء افعل كل شيء بنسبة مئة بالمئة من التركيز.

❖ ❖ ❖

معظم الناس يفعلون كل شيء بهمة فاترة. إنهم يستخدمون حوالي عُشر انتباههم فقط. ولهذا السبب لا يمتلكون القدرة على تحقيق النجاح... [افعل] كل شيء باستخدام قوة الانتباه. تلك القوة الكاملة يمكن بلوغها بواسطة التأمل. عندما تستخدم قوة التركيز الممنوحة من الله يمكنك وضعها على أي شيء وتحقيق ما تريده بنجاح.

❖ ❖ ❖

الإبداع

اعمل على مناغمة ذاتك مع قوة الروح الخلاقة وستكون على اتصال مع العقل الكلي القادر على توجيهك وحل كل مشكلاتك، وستنساب إليك دون انقطاع قوىً من المصدر الديناميكي لكيانك

بحيث ستتمكن من القيام بإنجازات رائعة في أي مجال من مجالات الحياة.

٭ ٭ ٭

اسأل نفسك هذا السؤال: "هل سبق لي أن حاولت عمل أي شيء لم يقم به شخص آخر من قبل؟". إن لم تكن قد فكرت بذلك فأنت كمئات الآخرين الذين يخطئون بالتفكير أن لا قدرة لهم على عمل أشياء بطريقة مختلفة عما اعتادوا عليه. إنهم كالسائرين أثناء النوم. فالإيحاءات الصادرة لهم من العقل الباطن أقنعتهم بأنهم أناس من ذوي القوة الحصانية الواحدة.

إن كنت تسير في الحياة على هذا المنوال ــ كالذين يمشون أثناء نومهم ــ فيجب أن توقظ نفسك بأن تؤكد لها: "إنني أمتلك أعظم مزايا الإنسان: روح المبادرة. فكل إنسان لديه شرارة من تلك القوة التي يمكن بواسطتها إبداع شيء لم يتم ابتكاره من قبل. ومع ذلك أرى كم من السهل أن أنخدع بالوعي البشري المحدود الذي يكتسح العالم، فيما إذا سمحت لنفسي بأن تقع تحت تأثير التنويم المغناطيسي للبيئة والظروف المحيطة بي!"

٭ ٭ ٭

ما هي روح المبادرة؟ إنها قدرة خلاقة في داخلك، شرارة من المبدع اللانهائي. قد تمنحك القدرة على خلق شيء لم يبتكره أحد غيرك أبداً من قبل، وتحفزك على عمل الأشياء بكيفية جديدة. إن إنجازات الشخص الذي يمتلك روح المبادرة يمكن أن تكون رائعة ومدهشة كالشهاب الثاقب. وإذ يخلق على ما يبدو شيئاً من

لا شيء، فإنه يبرهن على أن ما يبدو مستحيلاً يمكن أن يصبح مستطاعاً باستخدام الإنسان لقوة الروح العظيمة المبدعة.

❖ ❖ ❖

الإنسان الخلاق لا ينتظر الفرصة كي تأتي إليه، ولا يلوم الظروف، والأقدار، والآلهة [إن لم تأتِ الفرصة إليه]. إنه يغتنم الفرص أو يخلقها باستخدام الصولجان السحري لإرادته، ومجهوده الذاتي، وقوة تمييزه الاستقصائية الثاقبة.

❖ ❖ ❖

قبل الشروع في مشاريع أو مهام هامة، اجلس بهدوء وقم بتسكين الحواس والأفكار وتأمل بعمق. عندئذ ستحصل على التوجيه بقوة الروح العظيمة الخلاقة.

❖ ❖ ❖

أياً كان ما تريد فعله، فكّر به إلى أن تستغرق تماماً في تلك الفكرة. فكّر، ثم فكّر، ثم فكّر، وقم بوضع الخطط. لا تقفز وتبدأ بعمل أي شيء على الفور. تريّث قليلاً. اتخذ خطوة وفكّر بالأمر أكثر. إن أخبركَ صوتٌ داخلي بعمل شيء ما، اعمله. استمر في التفكير وستحصل على المزيد من التوجيه. وإذ تتعلم الغوص في داخلك ستتمكن من وصل وعيك بوعي الروح السامي، بحيث تتمكن ـ بقوة إرادة غير محدودة، وطول أناة، وحدس صائب ـ من غرس بذور أفكار النجاح وتنميتها.

❖ ❖ ❖

حالما تخطر ببالك فكرة صحيحة، قم بمعالجتها واعمل على تحقيقها. بعض الناس لديهم فكرة جيدة ولكن يعوزهم الإصرار لتمحيصها في ذهنهم وتجسيدها على أرض الواقع. يجب أن تمتلك الشجاعة والمثابرة، وأن تفكّر وتقول لنفسك: "سأعمل ما بوسعي لتحقيق فكرتي. قد لا أتمكن من تحقيقها في هذه الحياة، لكنني سأبذل المجهود". فكّر واعمل. ثم فكّر واعمل. لأنك بهذه الطريقة تنمّي قوة العقل. كل فكرة تفكرها هي بذرة صغيرة، إنما يجب عليك غرسها وتنميتها.

❖ ❖ ❖

الكثير من الأشخاص يحاولون تحقيق شيء في عالم الأفكار، لكنهم يتوقفون عندما تنشأ صعوبات. فقط أولئك الأشخاص الذين تصوروا أفكارهم بقوة استطاعوا إظهارها كحقائق ملموسة.

❖ ❖ ❖

الخيال [القدرة على التصوّر الذهني أو التخيّل] هو عامل مهم للغاية في التفكير الخلاق. لكن الخيال يجب أن ينضج ويتحول إلى قناعة. لا يمكنك أن تفعل ذلك بدون إرادة قوية. ولكن إن تصوّرت شيئاً ما بكل ما لديك من قوة إرادة، سيتحول خيالك إلى قناعة. وعندما تستطيع التمسك بتلك القناعة بالرغم من كل المعاكسات سيتحقق ما تتصوره في ذهنك.

❖ ❖ ❖

الناجحون من الناس هم الذين يقومون بما يكفي من التفكُّر

لعمل مخطط لا يُمحى في عقولهم لأي شيء يريدون بناءه أو إنتاجه على هذه الأرض. وإذ تموّلهم قدرتهم الإبداعية، فإنهم يستخدمون قوة إرادتهم كمقاول، وعنايتهم التفصيلية كنجارين، وصبرهم العقلي كعمال لا غنىً عنهم لتجسيد النتيجة المرغوبة أو الشيء المطلوب في الحياة الحقيقية.

٠ ٠ ٠

عندما تريد أن تنتج شيئاً ما، لا تعتمد على المصدر الخارجي. غص عميقاً في داخلك وتوجّه إلى المصدر اللانهائي. إن جميع الأساليب اللازمة لنجاح الأعمال، وكل المخترعات، وكل اهتزازات الموسيقى، وكل الأفكار والكتابات الملهمة مدونة في سجلات الله.

٠ ٠ ٠

اعمل على تقدمك مستعيناً بالله، لأن هذا هو الجانب الأهم في كل تفكير إبداعي.

تحقيق النجاح الشامل

أحكم الحكماء من يسعى للتعرف على الله. وأنجح الناجحين من وجد الله.

٠ ٠ ٠

النجاح ليس أمراً سهلاً، ولا يمكن تحديده فقط بمقدار المال والممتلكات المادية التي لديك. إن معنى النجاح هو أعمق من

ذلك بكثير. فالنجاح يمكن قياسه بمقدار السعادة التي يوفرها لك سلامك الداخلي وسيطرتك العقلية تحت كل الظروف. وذلك هو النجاح الحقيقي.

❖ ❖ ❖

المعلمون العظام لن ينصحونك أبداً بأن تكون مهملاً، بل سيعلّمونك كيف تكون متوازناً. ما من شك يجب أن تعمل لتزويد الجسد بالطعام والثياب. ولكن إن سمحت لأحد الواجبات بأن يناقض واجباً آخر، فذلك ليس واجباً حقيقياً. هناك الآلاف من رجال الأعمال المنهمكين في جمع المال، وينسون أنهم يخلقون قدراً كبيراً من أمراض القلب أيضاً! إن كان واجبك الذي يستحثك لتحقيق البحبوحة والازدهار يجعلك تنسى واجبك تجاه صحتك، فذلك ليس واجباً. يجب أن ينمو الشخص بشكل توافقي منسجم. لا فائدة من إعطاء اهتمام خاص للجسد وتنميته على نحو رائع إن كان يحوي عقلاً هزيلاً. العقل أيضاً يجب تنميته. وإن كنت تتمتع بصحة ممتازة وبالذكاء وبحبوحة العيش، ومع ذلك لست سعيداً فأنت لم تجعل حياتك ناجحة بعد. عندما تستطيع القول بصدق: "أنا سعيد، ولا أحد يستطيع أن يسلب سعادتي مني"، فأنت مَلكٌ — وقد عثرتَ على صورة الله في داخلك.

❖ ❖ ❖

هناك اعتبار آخر للنجاح: فعندما نكون ناجحين لا نجلب النتائج التوافقية والنافعة لأنفسنا فحسب، بل نشارك الآخرين بتلك الفوائد.

❖ ❖ ❖

الحياة في المقام الأول يجب أن تكون خدمة. إذ بدون هذا المبدأ لن يتمكن العقل الذي وهبه لك الله من بلوغ غايته. عندما تنسى الذات الصغيرة في الخدمة، ستشعر بالذات العظمى: الروح الإلهية. ومثلما تمنح أشعة الشمس الحيوية والدفء والصحة للجميع، هكذا يجب أن تنشر أشعة الأمل في قلوب الفقراء والمنبوذين، وتوقظ الشجاعة في قلوب اليائسين، وتستنهض الهمة والعزيمة في نفوس الذين يظنون أنهم فاشلون. عندما تدرك أن الحياة هي ساحة لأداء الواجبات بابتهاج وفي نفس الوقت هي حلم عابر، وعندما تشعر بفرح غامر لإسعادك الآخرين بمنحهم السلام والمعاملة الطيبة، فحياتك في نظر الله هي حياة ناجحة.

❖ ❖ ❖

قيمة الحماسة

مهما كان نوع عملك، إن قمت بأدائه بنفسية صحيحة، فإنه يمنحك انتصاراً على نفسك... الموقف النفسي الذي تعمل به هو المهم. الكسل العقلي والعمل على مضض يفسدان الشخص. أحياناً يسألني الناس: "كيف يمكنك عمل أشياء كثيرة؟" لأنني أعمل كل شيء بمتعة كبيرة وبروح الخدمة. في داخلي أنا مع الله كل الوقت. ومع أنني أنام قليلاً جداً لكنني أشعر دوماً بالانتعاش، لأنني أنجز كل واجباتي بالموقف السليم: بأن الخدمة هي شرف.

❖ ❖ ❖

إن عدم الرغبة في العمل يقترن بفتور الهمة ونقص في النشاط. أما الحماسة والاستعداد فيلازمهما مدد متجدد من الطاقة. ومن هاتين الحقيقتين يمكننا التأكد من العلاقة الدقيقة بين الإرادة والطاقة أو النشاط. فكلما كانت الإرادة قوية، كلما كان مَعين الطاقة غير قابل للنفاد.

٭ ٭ ٭

إن كان عملك في الحياة متواضعاً فلا تعتذر عنه. كن فخوراً لأنك تنجز الواجب الذي أوكله لك الآب السماوي. فهو يريدك أن تقوم بأداء دورك حيث أنت موجود. لا يستطيع كل الناس القيام بنفس الدور. وما دمت تعمل من أجل مرضاة الله فإن كل القوى الكونية ستعمل بتوافق لمساعدتك.

٭ ٭ ٭

لا يوجد في نظر الله كبير أو صغير. ولولا تلك الدقة المتناهية في تركيب الذرة البالغة الصغر، فهل كان من الممكن أن يكون للسموات ذلك التكوين الجبار الذي نشاهد بعضه في كوكبة النسر الواقع والسماك الرامح؟ إن الفرق بين ما هو "جليل" و "ضئيل" حتماً لا وجود له عند الله، وإلا لانهار الكون لافتقاره إلى مسمار أو دسار!

٭ ٭ ٭

حاول عمل الأشياء الصغيرة بطريقة استثنائية ومتميزة.

٭ ٭ ٭

يجب أن تنجح وتتقدم – حاول أن تكون الأفضل في مجال عملك. اظهر قوة الروح غير المحدودة في كل ما تزاوله... يجب أن تخلق وتنتج نجاحات جديدة وألّا تصبح إنساناً آلياً. كل عمل تقوم به هو تطهير [للنفس] ما دام الدافع من القيام به سليماً.

* * *

تركيز الذهن يعني تجميع الانتباه وحصره في نقطة واحدة. استخدم ذلك الانتباه المركّز في عمل شيء ما بسرعة، حتى وإن كان عادة يستغرق وقتاً طويلاً.

* * *

معظم الناس يفعلون كل شيء بهمة فاترة. فهم لا يستخدمون سوى عُشر انتباههم. ولهذا السبب ليس لديهم القدرة على النجاح.

* * *

بالعزيمة والإصرار، وبتنمية الإبداع الأصيل وتطوير مواهبك عن طريق قوة الله اللامحدودة، والتي تأتي بالتواصل اليومي معه في التأمل العميق؛ وباستخدام أساليب العمل الصادقة، والوفاء لرب عملك، وبالتفكير بعمله كما لو كان عملك؛ وبتنمية التناغم البديهي مع رئيسك المباشر أو مع صاحب العمل ومع رب عملك الكوني – الله – تستطيع إرضاء رب عملك في المكتب ورب عملك الإلهي دون

إخفاق.

٭ ٭ ٭

من السهل أن يكون الشخص كسولاً أو مليئاً باليأس والقنوط وبذلك يتخلى عن السعي للنجاح المالي في الحياة. ومن السهل كسب المال بطريقة غير شريفة عندما تسنح مثل تلك الفرصة. ولكن من الخطأ أن يسمح المرء لنفسه بعدم بذل المجهود لإعالة نفسه بكرامة وشرف...

٭ ٭ ٭

الشخص الاستثنائي هو الذي يكسب المال بوفرة، وبدون أنانية، وبأمانة، وسرعة، من أجل الله وعمله، ومن أجل إسعاد الآخرين. مثل هذا النشاط ينمّي العديد من المزايا الشخصية النبيلة ويساعد المرء على الطريق الروحي وعلى الطريق المادي أيضاً. إن اكتساب المال بأمانة واجتهاد لمساعدة أعمال الله هو إنجاز عظيم ويأتي بعد معرفة الله مباشرة من حيث الأهمية. المسؤولية، ومعرفة كيفية التنظيم، والنظام، والقيادة، والمنفعة العملية، كلها تتم تنميتها عن طريق خلق النجاح في مجال العمل، وهي ضرورية للنمو الشامل للإنسان.

٭ ٭ ٭

الوفرة والرخاء

إن الذين يطلبون الرخاء وبحبوحة العيش لأنفسهم فقط لا بد أن يذوقوا طعم الفقر في نهاية المطاف أو يعانوا من التشويش الذهني. أما الذين يعتبرون أن العالم بأسره هو بيتهم، والذين يُبدون اهتماماً حقيقياً برفاهية مجموعات من الناس أو العالم... يحصلون على رخائهم بطريقة مشروعة. وهذا قانون سرّي ومؤكد.

❖ ❖ ❖

الإيثار هو المبدأ الذي يحكم قانون الرفاهية والرخاء.

❖ ❖ ❖

لا أملكُ شيئاً، ومع ذلك أعلم أنني إن جعتُ سيكون هناك الآلاف في العالم ممن سيطعمونني، لأنني أعطيت للآلاف. ونفس ذلك القانون سيعمل لصالح كل من لا يفكر بأنه هو نفسه من سيعاني من الجوع بل الشخص الآخر هو من سيختبر تلك المعاناة.

❖ ❖ ❖

كل يوم، افعلْ شيئاً طيباً لمساعدة الآخرين، حتى ولو كان ذلك الشيء مجرد مساعدة بسيطة أو مبلغ زهيد. إن أردت أن تحب الله فيجب أن تحب الناس، لأنهم عياله. يمكنك تقديم المساعدة المادية للمحتاجين، والمشاركة الوجدانية للمحزونين، والشجاعة

للخائفين، والصداقة الروحية والدعم المعنوي للضعفاء. عندما تلهم الآخرين للتوجه إلى الله، وتغذّي فيهم محبة الله، وتعمّق إيمانهم به، فإنك بذلك تزرع بذور الخير. عندما تغادر هذا العالم، ستترك الثراء المادي وراءك. ولكن كل ما قمت به من أعمال طيبة سيذهب معك. الأغنياء الذين يعيشون ببخل وتقتير، والأنانيون الذين لا يساعدون غيرهم أبداً، لا يجذبون لأنفسهم الثراء في حياتهم القادمة. أما الذين يعطون الآخرين ويشاركونهم بما لديهم، سواء كان عندهم القليل أو الكثير، سيجلبون لأنفسهم التوفيق والازدهار. إنه قانون إلهي.

❖ ❖ ❖

فكّر بالوفرة الإلهية كمطر غزير ومنعش. ومهما كان الوعاء الذي بيدك ستحصل على نصيبك من تلك الوفرة. إن رفعتَ كوباً من الصفيح ستحصل على مقدار ما يحتويه فقط. وإن رفعت طاسة ستحصل على ملئها. ما هو نوع الوعاء الذي سترفعه لتلقّي الوفرة الإلهية؟ قد يكون إناؤك معطوباً، والحالة هذه يجب تصليحه بالتخلص من الخوف، والكراهية، والشكوك، والحسد، ثم تنظيفه بماء السلام المطهّر، والهدوء، والإخلاص، والمحبة. الوفرة الإلهية تتبع قانون الخدمة والكرم. أعطِ ثم خُذ. أعطِ للعالم أفضل ما لديك وسيعود إليك الأفضل.

❖ ❖ ❖

الشكر والحمد يفتحان في وعيك الطريق لاستجلاب النمو الروحي والوفرة إليك. الروح الإلهي يدفع ذاته للظهور والتجلي

حالما يتوفر منفذ ينساب من خلاله.

❖ ❖ ❖

"الذين يفكرون بي في التأمل ويعتبرونني خاصتهم، المتحدون بي دائماً بالعبادة المتواصلة، أزودهم بما يحتاجونه وأجعل مكاسبهم دائمة".[٣] [أولئك] المخلصون الأوفياء لخالقهم، الذين يشعرون بحضوره في مظاهر الحياة المختلفة، يدركون أنه قد تولى مسؤولية حياتهم حتى في أدق التفاصيل، وأنه يمنحهم بصيرة مقدسة تسهل دروبهم وتجعلها سالكة...

هذه الفقرة من الغيتا تذكرنا بكلمات السيد المسيح: "ولكن اطلبوا أولاً ملكوت الله وبره وهذه كلها تُزاد لكم".[٤]

---

٣ بهاغافاد غيتا ٩: ٢٢.
٤ متى ٦: ٣٣.

توكيدات من أجل النجاح

سأنطلقُ بإيمانٍ تام بقوة الخير الكليّ الوجود للحصول على ما أحتاجه عندما أحتاجه.

◈ ◈ ◈

توجد قوة خفية في كياني للتغلب على كل المصاعب والإغراءات. سأعمل على إبراز تلك القوة والطاقة اللتين لا تقهران.

◈ ◈ ◈

سأحمد الله لأنني قادر على المحاولة مراراً وتكراراً إلى أن تتكلل مساعيَ بالنجاح بعونه. وسأشكره عندما أفلح في تحقيق أمنية قلبي الجديرة بالتحقيق.

◈ ◈ ◈

توكيدات من أجل الوفرة المقدسة

يا أبتاه، أريد وفرة وصحة وحكمة بدون حساب، ليس من مصادر أرضية، بل من أياديك ذات المُلك والقوة والعطاء والسخاء.

لن أصبح مستجدياً، ولن أطلب وفرة وصحة ومعرفة بشرية محدودة. أنا ابنك، وعلى هذا الأساس أطلب دون قيود حصة الابن من ثرواتك غير المحدودة.

❖ ❖ ❖

أيها الآب الإلهي، إليك أرفع هذا الدعاء: لا أهتم بما أمتلكُ على نحو دائم، ولكن امنحني القدرة للحصول تلقائياً على كل ما أحتاجه يومياً.

الفصل ٨

السلام الداخلي: ترياق مضاد للتوتر والقلق والخوف

الهدوء هو الحالة المثالية التي يجب أن نتعامل فيها مع كل تجارب الحياة. العصبية هي عكس الهدوء، وانتشارها اليوم يجعلها قريبة جداً من كونها مرضاً عالمياً.

❖ ❖ ❖

ذوو الأفكار غير التوافقية سيختبرون دوماً عدم انسجام. وهذا يعود إلى حد كبير لإحساس داخلي أكثر تأثيراً من الحالات والظروف الخارجية. اعمل على تنمية التوافق في داخلك وسوف تنقله إلى الآخرين... وستجد أنك حيثما ذهبت، حتى إلى أكثر الظروف تنافراً، ستتمكن من العثور على التوافق الضمني وتعزيز الوئام والانسجام.

❖ ❖ ❖

عندما تقلق، يحدث تشويش عبر راديو أو لاسلكي عقلك. أنشودة الله هي أنشودة الهدوء. العصبية هي التشويش، والهدوء هو صوت الله الذي يتحدث إليك عبر راديو روحك.

❖ ❖ ❖

الهدوء هو نسمة الخلود التي وضعها الله في داخلك.

❖ ❖ ❖

كل ما تقوم به يجب أن تفعله بهدوء وسلام. ذلك هو أفضل دواء للجسم، والعقل، والنفس. وهو أفضل طريقة للعيش.

❖ ❖ ❖

السلام هو محراب الله، وهو الشرط اللازم لوجود السعادة.

❖ ❖ ❖

احتفظ بركن سري من الهدوء داخل نفسك، حيث لن تسمح للحالات المزاجية، أو الاختبارات المزعجة، أو الصدامات، أو التنافر، بالدخول إلى ذلك المكان. ابعد عنك كل مشاعر الكراهية والانتقام والشهوات، وفي ركن السلام هذا سيأتي الله لزيارتك.

❖ ❖ ❖

لا يمكنك شراء السلام. يجب أن تعرف كيف تصنعه في داخلك، في ممارساتك اليومية الهادئة للتأمل.

❖ ❖ ❖

يجب أن نصمم حياتنا وفقاً لدليل مثلث الأضلاع: الهدوء واللطف هما ساقا المثلث، والسعادة هي قاعدته. يجب أن يذكّر المرء نفسه ويؤكّد كل يوم: "أنا ملك سلام، أجلس على عرش الهدوء، وأدير شؤون مملكة النشاط". وسواء كان الشخص يعمل بسرعة أو ببطء، في عزلة أو وسط الأماكن المزدحمة، يجب أن

يحافظ على هدوئه واتزانه.

***

العصبية

صاحب الهدوء الطبيعي لا يفقد تعقله، وإنصافه، وحسه الفكاهي تحت أي ظرف من الظروف... وهو لا يسمم أنسجته الجسدية بالغضب أو الخوف اللذين يؤثران سلباً على الدورة الدموية. إنها حقيقة مثبتة أن حليب الأم الغاضبة يمكن أن يكون له تأثير ضار على طفلها. الانفعالات العنيفة ستحوّل الجسم أخيراً إلى حطام مشؤوم. فهل نحتاج إلى دليل أقوى من ذلك؟

***

الاستغراق في التفكير المتواصل بالخوف، والغضب، والسوداوية، وتأنيب الضمير، والحسد، والحزن، والكراهية، والتذمّر، والقلق، وعدم توفر الاحتياجات الضرورية للعيش الطبيعي والسعيد، مثل الطعام المغذي، والتمرين الصحيح، والهواء النقي، وأشعة الشمس، والعمل المناسب، والهدف في الحياة، كلها من أسباب مرض الأعصاب.

***

لو وصلنا مصباح إضاءة ١٢٠ فولط بمصدر طاقة بقدرة ٢٠٠٠ فولط فسيؤدي ذلك إلى احتراق المصباح. وبالمثال، لم يُصمم الجهاز العصبي لتحمّل القوة المدمرة للانفعال الشديد أو

الأفكار والمشاعر السلبية المستمرة.

❖ ❖ ❖

لكن العصبية يمكن شفاؤها. والشخص الذي يعاني منها يجب أن يكون راغباً في تحليل حالته والتخلص من العواطف المدمرة والأفكار السلبية التي تعمل تدريجياً على القضاء عليه. التحليل الموضوعي لمشاكل المرء، والاحتفاظ بالهدوء تحت كل ظروف الحياة كفيلان بشفاء أكثر الحالات العصبية استعصاءً... يجب على الشخص المصاب بالعصبية أن يتفهّم حالته، وأن يحدد [ويتخلص من] الأمور الخاطئة التي يفكر فيها باستمرار والتي هي المسؤولة عن عدم تكيّفه مع الحياة.

❖ ❖ ❖

بدلاً من السرعة والاندفاع للذهاب إلى أحد الأمكنة في حالة من الإثارة العاطفية، وبالتالي عدم التمتع عند وصولك للمكان بسبب القلق والاضطراب، حاول أن تكون أكثر هدوءاً... وحالما يصبح عقلك قلقاً، اصفعه بقوة الإرادة كي يهدأ.

❖ ❖ ❖

الإثارة تؤدي إلى إحداث خلل في التوازن العصبي، بإرسالها كمية كبيرة جداً من الطاقة إلى بعض أجزاء الجسم وحرمان الأجزاء الأخرى من حصتها الاعتيادية. وهذا النقص في التوزيع الصحيح لقوة الأعصاب هو السبب الوحيد للتوتر العصبي.

❖ ❖ ❖

الجسم المسترخي والهادئ يستجلب السلام العقلي.

❖ ❖ ❖

[طريقة١ لإراحة الجسم]

شدّ الجسم بالإرادة: دع إرادتك تقوم بتوجيه طاقة الحياة (عن طريق عملية الشد) كي تغمر الجسم أو أي جزء منه بالنشاط. اشعر بالطاقة تهتز في تلك المواضع فتشحنها وتبث فيها الحيوية المنعشة. استرخِ واشعر: أوقف الشد واختبر الحياة والحيوية الجديدة، كشعور من التنميل أو الخدر، في المنطقة التي تم شحنها بالطاقة. اشعر أنك لست الجسد. أنت تلك الحياة التي تعيل وتسند الجسد. اشعر بالسلام والحرية والدراية المتزايدة التي تأتي مع الهدوء الناجم عن ممارسة هذا التمرين.

❖ ❖ ❖

عندما تشعر بالسلام في كل حركة من حركات جسمك، وبالسلام في تفكيرك وقوة إرادتك، وبالسلام في حبك، وبالسلام وبالله في طموحاتك، فاعلم أنك قد قرنت حياتك بالله.

❖ ❖ ❖

١ إشارة مبسطة إلى تمرين خاص تم تطويره بواسطة برمهنسا يوغانندا عام ١٩١٦ لشحن الجسم بالحيوية ولتعزيز الاسترخاء التام، والذي يتم تلقينه في دروس *Self-Realization Fellowship*. المبدأ العام للشد والاسترخاء، تم اعتماده في السنوات الأخيرة واستخدامه في علم الطب كوسيلة مساعدة في علاج العديد من الأمراض، بما في ذلك الحد من العصبية وارتفاع ضغط الدم.

القلق والخوف

مع أن الحياة تبدو متقلبة، يكتنفها الغموض، وتعج بكل أنواع المشاكل والمتاعب، لا زلنا دوماً تحت حماية الله العطوفة وتوجيهاته الرشيدة.

❖ ❖ ❖

لا تقلق بشأن أي شيء، لأنك إن فعلت فتتذكر أنك تعمّق الخداع الكوني في داخلك.[٢]

❖ ❖ ❖

يُزرع الخوف من الفشل أو المرض من خلال تقليب أفكار الفشل في العقل الواعي حتى تتجذر في الوعي الباطن وأخيراً في الوعي السامي.[٣] ثم يبدأ الخوف المتجذر في الوعي السامي واللاوعي في النمو وملء العقل الواعي بنباتات الخوف التي ليس من السهل إبادتها بنفس سهولة القضاء على الفكرة الأصلية. وهذه النباتات تحمل في النهاية ثماراً سامة وقاتلة...

اقتلع تلك الجذور من الداخل بالتركيز القوي على الشجاعة، وبتحويل وعيك إلى سلام الله المطلق في داخلك.

٢ إن عدم تذكّر الإنسان لطبيعة روحه الكلية القدرة، وصِلتها المقدسة بالله، هو سبب كل المعاناة والقيود. اليوغا تعلّم أن النسيان أو الجهل سببه مايا أو الخداع الكوني.

٣ العقل الأسمى الذي منه يحصل العقل الباطن والعقل الواعي على قواهما.

❖ ❖ ❖

مهما كان الشيء الذي تخشاه، ابعد عقلك عنه واتركه لله. امتلك إيماناً بالله. إن قدراً كبيراً من المعاناة هو ببساطة ناجم عن القلق. لماذا تعاني الآن في حين أن المرض لم يأتِ بعد؟ وبما أن معظم أمراضنا تأتي من الخوف، فإن تخليت عن الخوف ستتحرر مباشرة. وسيكون الشفاء فورياً. كل ليلة قبل أن تنام أكّد لنفسك: "الآب السماوي معي. أنا محمي". حوّط نفسك عقلياً بالروح الإلهي... وسوف تشعر بحمايته الرائعة.

❖ ❖ ❖

عندما يكون الوعي مركزاً على الله، لن يكون لديك مخاوف، وسيتم عند ذلك التغلب على كل عقبة بالشجاعة والإيمان.

❖ ❖ ❖

الخوف يأتي من القلب. إذا شعرت بالخوف من مرضٍ ما أو حادث ما، فيجب أن تتنفس شهيقاً وزفيراً عدة مرات، بعمق وببطء وبشكل إيقاعي، والاسترخاء مع كل زفير. هذا يساعد على عودة الدورة الدموية إلى عملها الطبيعي. إذا كان قلبك هادئاً حقاً، فلن تشعر بالخوف على الإطلاق.

❖ ❖ ❖

الاسترخاء الذهني يتكون من القدرة على تحرير الانتباه بالإرادة من المخاوف المقلقة بسبب المتاعب الماضية والحاضرة، ومن الشعور الدائم بالالتزامات، والخوف من الحوادث ومخاوف

أخرى مؤرّقة، ونتيجة للجشع والشهوات وغير ذلك من الأفكار السلبية المزعجة والارتباطات المثيرة للقلق. إتقان الاسترخاء الذهني يأتي بالممارسة المخلصة والأمينة. يمكن تحقيق هذا الاسترخاء عندما يتمكن المرء من تحرير العقل بالإرادة من كل الأفكار المشوشة وتركيز الانتباه بشكل كامل على السلام والرضا الداخليين.

❖ ❖ ❖

انسَ الماضي لأنه لم يعد في متناولك! وانسَ المستقبل لأنك لا تستطيع الوصول إليه! تحكّم بالحاضر! عش بكيفية رائعة الآن! وهذا من شأنه أن يمحو الماضي المظلم ويرغم المستقبل كي يكون باهراً مشرقاً! وهذا هو طريق الحكماء.

❖ ❖ ❖

عندما يكون لدينا أشياء كثيرة للقيام بها في المرة الواحدة نشعر بإحباط شديد. وبدلاً من القلق حول ما ينبغي فعله، قل لنفسك: "هذه الساعة هي لي. سأبذل خلالها قصارى جهدي وأفعل ما بوسعي". لا يمكن لعقارب الساعة أن تدق أربعاً وعشرين ساعة في دقيقة واحدة، ولا يمكنك أن تعمل في ساعة واحدة ما يستغرق عمله أربعاً وعشرين ساعة. عش كل لحظة من لحظات الحاضر بحذافيرها وسيتدبر المستقبل نفسه بنفسه. استمتع بروائع وجمال كل لحظة. مارس السكينة واستحضر السلام. كلما فعلت ذلك كلما شعرت أكثر فأكثر بوجود تلك القوة في حياتك.

❖ ❖ ❖

إن متع الإنسان العصري تكمن في الحصول على الكثير والمزيد، دون اكتراث بما قد يحدث لأي شخص آخر. لكن أليس من الأفضل العيش ببساطة – دون الكثير من الكماليات والترف وبقدر قليل من الهموم وانشغال البال؟ لا توجد متعة في دفع نفسك وإرهاقها لدرجة تجعلك غير قادر على التمتع بما لديك... سيأتي الوقت الذي يبدأ فيه الناس بتجاوز وعي الحاجة إلى الكثير من الأشياء المادية. وسيتم العثور على قدر أكبر من الأمن والسلام في الحياة البسيطة.

❖ ❖ ❖

العامل المدمن على العمل، الذي يعمل لسبعة أيام في الأسبوع يُخضع نفسه للنشاط الآلي. مثل هذا الشخص يفقد قدرته على التحكم بنشاطه بالإرادة الحرة، والتمييز، والسلام. [ونتيجة لذلك] يتحطم جسدياً ونفسياً ويحرم نفسه من السعادة الروحية. يجب تنمية النشاط والهدوء معاً وإحداث توازن بينهما من أجل إنتاج السلام والسعادة أثناء فترات النشاط والهدوء على السواء.

❖ ❖ ❖

إن حفظ يوم السبت[٤] كيوم مكرّس لله والثقافة الروحية يعني

٤ الكلمة مشتقة من الكلمة العبرية شبت *shabath* والتي تعني "يتوقف عن العمل؛ يستريح". لا حاجة لأن يكون "يوم السبت" المكرّس للتجدد الروحي يوماً معيناً من أيام الأسبوع. ومثل هذا اليوم يمكن مراعاته على نحو مفيد في أي يوم مناسب لظروف الشخص أو للتقاليد المجتمعية.

التوقف الطوعي عن كل الأنشطة التي تشتت العقل وتحرفه باتجاه مسالك مادية... اصرف [يوم الراحة] في القيام بأنشطة تذكّرك بالله وتنعشك روحياً. إن إبقاء الكثير من المغريات المادية نشطة في يوم السبت من شأنه أن يجعل الأفكار في حالة من الفوضى وعدم الانضباط. أين الوقت الذي يتعين صرفه في استعادة الهدوء، والتأمل الباطني، والتفكير الخلّاق للقيام بأفضل الأعمال من أجل جعل العيش متوازناً من كل ناحية خلال الأسبوع القادم؟ إن يوم الراحة الذي يُصرف في الصمت، والتأمل، والتفكير الخلّاق (وليس التفكير المحموم، بل تهدئة الأفكار ثم استبدالها بالإدراك البديهي) يمنح النفس الانسجام، والسلام، والقوة العقلية والجسدية لاستخدام التمييز وإحراز النمو الجسدي والعقلي والروحي على أكمل وجه.

❖ ❖ ❖

إذا استمريت في تحرير شيكات دون إيداع أي مبالغ في حسابك بالبنك، فسوف ينفد ما لديك من مال. وهذا ينطبق أيضاً على حياتك. فإن لم تقم بإيداع دفعات منتظمة من السلام في حساب حياتك سوف تستهلك قوتك وهدوءك وسعادتك. وأخيراً ستفلس عاطفياً وعقلياً ومادياً وروحياً. لكن التواصل اليومي مع الله سيجدد تمويلك ويعزز مخزونك الروحي.

❖ ❖ ❖

مهما كانت مشاغلنا كثيرة، يجب ألّا ننسى بين الحين والآخر تحرير عقولنا بشكل كامل من القلق ومن كل الواجبات... حاول أن تظل لدقيقة واحدة في المرة الواحدة دون تفكير سلبي. ركّز على السلام الداخلي وخاصة إن كنت تشعر بالقلق. ثم حاول الاحتفاظ بفكرك هادئاً لبضع دقائق. بعد ذلك، فكّر بحدث سعيد وواصل التفكير فيه وتصوّره. استعِد بفكرك تجربة سارة مراراً وتكراراً إلى أن تنسى همومك وقلقك بصورة كاملة.

❖ ❖ ❖

عندما تحاصر المرء التجارب أو الهموم العقلية الطاغية يجب أن يحاول النوم. إن استطاع ذلك سيجد عندما يستيقظ أن التوتر الذهني قد خفّ، وأن الهموم[٥] قد أرخت قبضتها. في مثل تلك الأوقات نحتاج إلى تذكير أنفسنا أنه حتى وإن فارقنا الحياة ستظل الأرض تدور في مدارها، وستمضي الأمور كالمعتاد. فلماذا القلق؟

❖ ❖ ❖

الحياة تكون ممتعة عندما لا نأخذها على قدر كبير من الجدية. إن ضحكة قلبية هي علاج رائع للأمراض البشرية. من

٥ كما تقدم شرحه في الصفحة ٣٦ ، بالدخول في حالة اللاشعور كما يحدث أثناء النوم، ترتفع النفس مؤقتاً إلى ما فوق المتاعب الناجمة عن الارتباط بالجسد واختباراته. وهناك طريقة أعظم من ذلك وهي دخول حالة الوعي السامي بالتناغم مع الله في التأمل العميق.

أفضل مزايا الشعب الأمريكي هي قدرته على الضحك. القدرة على الضحك على الحياة هي أمر رائع. هذا تعلمته من معلمي [سوامي سري يوكتسوار]. في بداية تدريبي في صومعته، كنت متجهم الوجه، لا أبتسم أبداً. وذات يوم قال بوضوح: "ما هذا؟ هل أنت في مراسم جنازة؟ ألا تعلم أن العثور على الله هو جنازة كل الأحزان. فلماذاً إذاً كل هذا الاكتئاب؟ لا تأخذ الحياة بجدية زائدة؟"

❖ ❖ ❖

اعلم أنك ابن الله، وصمم على أنك ستحتفظ بهدوئك بغض النظر عما يحدث. إن كان عقلك مرتبطاً بشكل كامل مع أنشطتك، لا يمكنك أن تكون على دراية بالرب. ولكن إن كنت هادئاً ومتقبلاً له داخلياً، في الوقت الذي تكون فيه نشطاً خارجياً، فأنت نشط بالشكل الصحيح.

❖ ❖ ❖

من خلال التأمل يمكن للمرء أن يختبر حالة من السلام الداخلي الصامت والثابت، الذي يمكن أن يكون خلفية ملطّفة ومريحة بشكل دائم لجميع الأنشطة المتناغمة أو الصعبة التي تتطلبها التزامات ومسؤوليات الحياة. السعادة الدائمة تكمن في الحفاظ على هذه الحالة الذهنية الهادئة المستتبة، حتى إن حاولتْ الهموم زعزعة الاتزان الداخلي، أو حاولَ النجاحُ إثارة العقل وجعله يبتهج بصورة غير طبيعية.

❖ ❖ ❖

لا تستطيع كتلة من الرمل أن تصمد أمام الانجراف الذي تسببه أمواج المحيط. وبالمثل، لا يمكن للفرد الذي يفتقر إلى السلام الداخلي أن يظل محتفظاً بهدوئه في خضم الصراع العقلي. ولكن مثلما تبقى الماسة دون تغيير بغض النظر عن عدد الموجات التي تلطمها، هكذا يظل الفرد الراسخ في السلام هادئاً على نحو رائع حتى عندما تحيط به التجارب والبلايا من كل جانب. من مياه الحياة المتقلبة، دعونا ننتشل – بالتأمل – ماسة الوعي الروحي غير القابلة للتغيير، والتي تومض وتتلألأ بفرح الروح[٦] الأبدي.

❖ ❖ ❖

إن أدركنا بأن كل قدرة على التفكير، والتحدث، والشعور، والتصرف، تأتي من الله، وأنه معنا، يلهمنا ويرشدنا على الدوام، فإن ذلك الإدراك يمنحنا تحرراً فورياً من العصبية. ومع هذا

٦ "إنها حالة راحة البال أو السكينة التامة للشعور (تشيتا) التي يتم بلوغها بواسطة تأمل اليوغا، بحيث تدرك الذات الصغيرة (الأنا) ذاتها بأنها الذات العليا (النفس)، وتشعر أنها قانعة (راسخة) في الذات العليا؛

وهي الحالة التي بها تصبح الغبطة غير المحدودة التي تفوق مجال الحواس مُدرَكة بواسطة حدس العقل المتيقظ، وفيها يظل اليوغي مغموراً بنشوة روحية لا تزول؛

وهي الحالة التي متى بلغها اليوغي يعتبرها الكنز الذي ما بعده كنز – والتي عندما يثبت فيها يصبح محصّناً حتى ضد أشد الأحزان: تلك الحالة تعرف بأنها يوغا – حالة التحرر من الألم. ولذلك يتعين اتباع اليوغا بحزم وتصميم وبقلب قوي لا يعرف الخوف". (بهاغافاد غيتا ٦: ٢٠-٢٣)

الإدراك ستأتينا ومضات من الفرح الإلهي. أحياناً يغمر كيان المرء نور عظيم يبدد مفهوم الخوف والقلق. كالمحيط هكذا تجتاح قوة الله القلب وتتدفق عبره في طوفان مطهّر، وتزيل كل عوائق الشك المضلل، والعصبية، والخوف. يتم التغلب على أوهام المادة، وعلى الشعور بأن الإنسان مجرد جسد فانٍ، من خلال ملامسة طمأنينة الروح الإلهي العذبة. وهذا يمكن تحقيقه عن طريق التأمل اليومي. عندها تدرك أن الجسد هو عبارة عن فقاعة صغيرة من الطاقة في بحر الله الكوني.

توكيدات من أجل السلام والهدوء

إنني مَلكُ سلام، أجلس على عرش الاتزان، وأسيرّ مملكة نشاطي.

❖ ❖ ❖

في اللحظة التي يساورني بها القلق أو التشويش الفكري، سأركن للسكون والتأمل حتى أستعيد الهدوء.

❖ ❖ ❖

لن أكون كسولاً ولا نشطاً بطريقة محمومة. وفي كل تحدٍ من تحديات الحياة سأعمل ما بوسعي دون الشعور بالقلق بشأن المستقبل.

الفصل ٩

إبراز أفضل ما بداخلك

مثلما نفكر نكون. التوجّه الاعتيادي لأفكارنا يحدد مواهبنا وقدراتنا وشخصيتنا. وعلى هذا النحو، البعض يفكرون أنهم كُتاب أو فنانون، مجتهدون أو كسالى، وهكذا دواليك. وماذا لو أردت أن تكون مختلفاً عما تعتقد أنك عليه حالياً؟ قد تجادل أن البعض وُلدوا بالموهبة الخاصة التي تفتقر إليها لكنك ترغب في امتلاكها. هذا صحيح. لكنهم قاموا بتنمية تلك المقدرة في وقت ما – إن لم يكن في هذه الحياة، ففي حياة سابقة[١]. لذلك مهما كانت الشخصية التي ترغب في امتلاكها، ابدأ بتنمية ذلك النموذج الآن. يمكنك أن ترسّخ أي توجّه في وعيك في هذه اللحظة، شرط أن تشحن عقلك بفكرة قوية؛ حينئذٍ ستمتثل كل أفعالك وكيانك بأسره لتلك الفكرة.

❖ ❖ ❖

يجب ألاّ يفقد المرء الأمل بأنه سيتحسن نحو الأفضل. يهرم الشخص عندما يرفض بذل الجهد للتغيير. حالة الركود تلك هي حالة "الهرم" الوحيدة التي أعترف لها. عندما يقول الشخص

١ راجع العودة إلى التجسد *Reincarnation* في المسرد.

مراراً وتكراراً "هذا ما أنا عليه ولا قدرة لي على التغيير". عندئذ أضطر لأن أقول له: "حسناً إذاً، ما دمت صممت على أن تكون كذلك فابقَ كما أنت".

❖ ❖ ❖

مهما كانت حالة الإنسان الحالية، يستطيع التغيير نحو الأفضل عن طريق ضبط النفس، والتهذيب الذاتي، ومراعاة قوانين الصحة والتغذية الصحيحة. لماذا تظن أنك غير قادر على التغيير؟ الكسل العقلي هو السبب الخفي لكل نقاط الضعف.

❖ ❖ ❖

كل شخص لديه خصائص تحدُّ من [إمكاناته] الذاتية. هذه الخصائص لم يضعها الله في طبيعتك، بل أنت الذي خلقتها وهي ما ينبغي لك تغييرها – من خلال التذكّر بأن هذه العادات الملازمة لطبيعتك هي ليست سوى مظاهر لأفكارك الخاصة.

❖ ❖ ❖

في نهاية المطاف، كل الأشياء مصنوعة من الوعي النقي. وشكلها المحدود هو نتيجة لنسبية الوعي.[٢] لذلك، إن أردت أن

---

٢ تُعلّم اليوغا أن فكر الله هو البنية الأساسية للخلق. فمثلما يصبح البخار ماءً بالتكثيف، ويصبح جليداً بمزيد من التكثيف، هكذا كل نماذج وأشكال الطاقة والمادة هي تكثيف للوعي. علماء الطبيعة الرواد يكتشفون مجدداً في القرن العشرين ما عرفه اليوغيون منذ أوقات موغلة في القدم. لقد كتب العالم البريطاني السير جيمس جينز: "إن علماء الطبيعة الرواد في القرن

تغيّر شيئاً في ذاتك، يجب أن تغيّر عملية التفكير التي أدت إلى تجسيد الوعي في أشكال مختلفة من المادة والفعل. تلك هي الطريقة الوحيدة لإعادة تشكيل حياتك.

❖ ❖ ❖

انظر في داخلك وحدد خصائصك الرئيسية... لا تحاول تغيير الأشياء الطيبة في داخلك. أما تلك الأشياء التي تفعلها ضد إرادتك، والتي تجعلك تعيساً بعد فعلها، فهي التي تريد أن تتخلص منها. وكيف يمكنك ذلك؟ قبل النوم [ليلاً] وعند الاستيقاظ صباحاً، أكّد لنفسك باقتناع: "يمكنني التغيير. لديّ الإرادة للتغيير. وسوف أتغيّر!" تمسّك بتلك الفكرة طوال اليوم، وخذها معك إلى عالم النوم اللاواعي وعالم الوعي السامي عن طريق التأمل.

❖ ❖ ❖

وبكل بساطة، كل ما يتوجب عليك عمله هو أن تبعد عنك الأفكار التي تريد القضاء عليها، باستبدالها بأفكار بنّاءة. هذا هو المفتاح إلى السماء؛ وهذا المفتاح هو في يدك.

العشرين يكتشفون ما اكتشفه اليوغيون." وقال أينشتاين: "أريد أن أعرف كيف خلق الله هذا العالم. لستُ مهتماً بهذه الظاهرة أو تلك، ولا بصِف هذا العنصر أو ذاك. أريد أن أعرف أفكاره، والبقية تفاصيل".

التحليل الذاتي: سر من أسرار النجاح

أول شيء يجب فعله هو التحليل الذاتي. قم بتقييم نفسك وعاداتك، واعرف ما يقف عائقاً في طريقك. ذلك العائق غالباً ما يكون القصور الذاتي أو انعدام الجهد المتواصل والانتباه التام. أحياناً يتعين اقتلاع بعض العادات من حديقة حياتك بحيث يمكن للسعادة الحقيقية أن تصبح أكثر تجذراً ورسوخاً.

◆ ◆ ◆

أحد أسرار النجاح هو التحليل الذاتي. فهو بمثابة مرآة فيها تبصر جوانب من عقلك تبقى بخلاف ذلك بعيدة عن أنظارك. قم بتشخيص إخفاقاتك وافرز ميولك الجيدة والرديئة. حلل طبيعتك، واعرف ما ترغب أن تكون عليه في حياتك، وما هي أوجه القصور التي تعيقك.

◆ ◆ ◆

ملايين من الناس لا يحللون أنفسهم. فهم من الناحية العقلية منتجات آلية من مصنع بيئتهم، منهمكون في الفطور، والغداء، والعشاء، والعمل، والنوم، والذهاب إلى هنا وهناك للترفيه عن أنفسهم. لا يعرفون ما يبحثون عنه ولماذا يبحثون، ولماذا لا يحصلون أبداً على السعادة التامة والرضا الدائم. عندما يتحاشى الناس تحليل الذات يصبحون بشراً آليين تتحكم بهم بيئتهم. التحليل الذاتي الحقيقي هو أعظم فنون التقدم والنجاح.

كل واحد يجب أن يتعلم كيف يحلل نفسه بتجرّد وموضوعية.

كل يوم قم بتدوين أفكارك وطموحاتك. اعرف طبيعتك الحقيقية وليس ما تتخيل أنه أنت! – لأنك تريد أن تجعل نفسك ما ينبغي أن تكون فعلاً. معظم الناس لا يتغيرون لأنهم لا يرون عيوبهم.

❖ ❖ ❖

على الشخص الذي لم يحتفظ بمفكرة ذهنية أن يبدأ بهذه الممارسة المفيدة. إن معرفة إلى أي مدى فشل وكيف فشل في تجارب الحياة اليومية قد تستنهض همته لبذل المزيد من الجهد كي يحقق ما يطمح إليه. بالاحتفاظ بمثل تلك المفكرة، وباستخدام التمييز للقضاء على العادات السيئة التي تتسبب بخلق الألم والمعاناة لأنفسنا وللآخرين، سنتمكن من التخلص من تلك العادات. كل ليلة يجب أن نسأل أنفسنا: "كم أمضينا من الوقت مع الله اليوم؟ وإلى أي حد تعمقنا في تفكيرنا؟ وإلى أي مدى قمنا بإنجاز واجباتنا؟ وكم عملنا من أجل الآخرين؟ وكيف تمكّنا من ضبط أنفسنا في مختلف المواقف أثناء اليوم؟"

❖ ❖ ❖

بالرصد الدقيق للرسوم البيانية لعقلك يمكنك معرفة إن كنت تتقدم كل يوم. لا تريد أن تختبئ من نفسك. يجب أن تعرف نفسك كما أنت – على حقيقتك. بالاحتفاظ بمفكرة من التأمل الذاتي، تُبقي عاداتك السيئة تحت مراقبتك وتكون أكثر قدرة على القضاء عليها.

❖ ❖ ❖

التغلب على الإغراءات

أحياناً يبدو أنه من الصعب أن تكون طيباً، في حين أنه من السهل أن تكون سيئاً، وقد تظن أن التخلي عن الأشياء السيئة يعني أن تفوتك أشياء. ولكنني أقول لك بأنه لن يفوتك شيء سوى الحزن.

* * *

كل شيء حذّر العظماء منه هو كالعسل المسموم. وأنا أقول لا تتذوقه. قد تجادل قائلاً: "ولكن طعمه حلو". حسناً، ولكني أقول أنه سيقضي عليك بعد أن تتذوق حلاوته. لقد جُعل الشر حلواً كي يخدعك. يجب أن تستخدم قدرتك على التمييز كي تميّز بين العسل المسموم وما هو في مصلحتك. تجنّب تلك الأشياء التي ستؤذيك في نهاية المطاف، واختر تلك التي ستمنحك الحرية والسعادة.

* * *

الحزن، والمرض، والفشل هي نتائج طبيعية لتجاوز قوانين الله. الحكمة تكمن في تفادي تلك الانتهاكات والعثور على السلام والسعادة في داخلك من خلال الأفكار والأفعال التي تتوافق مع ذاتك الحقيقية.

* * *

عندما تشعر برغبة قوية في قلبك... استخدم التمييز. اسأل نفسك: "هل هي رغبة جيدة أم رغبة سيئة تلك التي أسعى لتحقيقها؟".

* * *

الرغبات المادية تعزز عاداتنا السيئة بتوليد آمال مزيفة للحصول على السعادة والرضا. في مثل تلك الحالات يجب أن يستدعي الشخص قوى التمييز لإظهار الحقيقة: العادات السيئة تقود في النهاية إلى التعاسة. وإذ يفتضح أمرها، تصبح العادات السيئة غير قادرة على إبقاء الإنسان تحت نفوذها والإمساك به في قبضتها المؤلمة.

❖ ❖ ❖

مقاومة الإغراءات لا تعني الحرمان من كل مباهج الحياة، بل امتلاك القدرة الفائقة على ما تريد أن تفعله. إنني أدلّكَ على الطريق إلى الحرية الحقيقية وليس الإحساس الزائف بالحرية الذي في الحقيقة يجبرك على عمل ما تدفعك رغباتك إلى فعله.

❖ ❖ ❖

الطريقة التقليدية القديمة هي أن ترفض الإغراء وتكبته. ولكن يجب أن تتعلم كيف تتحكم بذلك الإغراء. شعورك بالإغراء ليس خطيئة. وأنت لست آثماً حتى ولو كنت تشعر بأقصى درجات الإغراء. ولكن إن استسلمت لذلك الإغراء فإن قوة الشر تمسك بك إلى حين. يجب أن تضع حول نفسك حواجز من الحكمة توفر لك الحماية. لا توجد قوة يمكنك استخدامها ضد الإغراء أعظم من الحكمة. الفهم الكامل سيوصلك إلى مرحلة حيث لا شيء يمكن أن يغريك كي تفعل أموراً تمنحك وعوداً باللذة ولكنها تؤذيك فقط في النهاية.

❖ ❖ ❖

ريثما تبلغ الحكمة، عندما يأتي الإغراء يجب أن توقف

الفعل أو الرغبة الملحّة، وتفكر بالأمر بعد ذلك. إن حاولت أن تفكر بالأمر أولاً، سوف تُجبر رغماً عنك على فعل ما لا ينبغي لك أن تفعله، لأن الإغراء سيطغى على صوت العقل. [في مثل هذه الحالة] قل: "لن أفعل ذلك!" وانهض وانصرف. تلك هي أضمن طريقة للإفلات من قبضة الشيطان.[٣] وكلما نميتَ قوة "اللا أريد" عند هجمة الإغراء، كلما ازددتَ سعادة لأن الفرح كله يتوقف على القدرة على عمل ما يخبرك الضمير بأنه يتوجب عليك أن تفعله.

❖ ❖ ❖

عندما تقول لاللإغراء، يجب أن تعني ما تقول. لا تستسلم. الشخص الضعيف الشخصية يقول نعم طوال الوقت. أما أصحاب العقول العظيمة فهم ممتلئون بـ اللاءات [البنّاءة].

❖ ❖ ❖

عندما تقرر بأنك لن تدخن، أو لن تتناول الطعام غير الصحي، أو لن تكذب أو لن تغش، اثبت على قرارك في تحقيق هذه الرغبات الجيدة، ولا تضعف. البيئة السيئة تسلبك إرادتك وتولّد الرغبات الخاطئة. إن عشتَ مع اللصوص ستظن أن السرقة هي الطريقة الوحيدة للعيش. ولكن إن عشت مع الأشخاص الأتقياء وشعرت بالتناغم المقدس فلن تقدر أي رغبات

٣ الشيطان هو قوة الخداع الواعية التي تحاول أن تُبقي الإنسان جاهلاً بطبيعته الإلهية. راجع مايا في المسرد.

أخرى على إغرائك.

❖ ❖ ❖

إن كانت لديك عادة سيئة أو نزعة كارمية معينة، لا تختلط مع أولئك الذين لديهم نفس تلك العادة السيئة. إن كنت ميالاً للجشع، تجنب صحبة الآخرين الجشعين. وإن كنت ترغب في المشروبات الكحولة، ابتعد عن الذين يتعاطونها. الأشخاص الذين يشجعون عاداتك السيئة ليسوا أصدقاءك، وسيتسببون في تخليك عن سعادتك الروحية. تجنب صحبة مرتكبي الأفعال الخاطئة واختلط مع الطيبين.

❖ ❖ ❖

إن أكبر تأثير في حياتك، أقوى حتى من قوة إرادتك، هو تأثير بيئتك. فقم بتغييرها إذا لزم الأمر.

❖ ❖ ❖

هناك نوعان من البيئة يجب أن تراقبهما بدقة: البيئة الخارجية والبيئة الداخلية. راقب أفكارك. فكل اختباراتك مصدرها أفكارك. والأفكار التي تركّز عليها إما تُعلي شأنك أو تحط من قدرك.

❖ ❖ ❖

يجب أن تكون أقوى من الأفكار والإيحاءات التي تصدر دوماً عن الأشخاص الآخرين على هيئة اهتزازات أو ذبذبات. تلك هي الطريقة للتغلب على الاهتزازات والذبذبات الخاطئة التي تدخل بيئتك.

٭ ٭ ٭

فكر بأن الله هو بيئتك. توحّد مع الله ولن يقوى شيء على إيذائك.

٭ ٭ ٭

لكل فعل نظيرٌ عقلي. إننا نقوم بالأفعال باستخدام قوتنا الجسدية، لكن ذلك النشاط موجود أصلاً في العقل ويسيّره القبطان أو الموجّه العقلي. السرقة هي شر؛ ولكن الشر الأكبر هو فعل السرقة العقلي الذي يوحي بالشروع بالسرقة المادية. فالعقل هو الجاني الحقيقي. مهما كانت الأفعال الخاطئة التي تريد أن تتجنبها، اطردها أولاً من فكرك. إن ركّزت فقط على الفعل المادي، فمن الصعب جداً التحكم به. ركّز [بدلاً من ذلك] على العقل. صحّح أفكارك وستنصلح أفعالك بصورة تلقائية.

٭ ٭ ٭

في كل مرة تراودك فكرة سيئة اطردها من عقلك. عندئذ لن يتمكن الشيطان من التأثير عليك ودفعك للقيام بفعل خاطئ. ولكن حالما تفكر أفكاراً خاطئة تتجه نحو الشيطان. إنك تتحرك باستمرار ذهاباً وإياباً بين الخير والشر. وللإفلات من تلك الدوامة عليك أن تذهب إلى حيث لا يستطيع الشيطان أن يصل إليك: بالانطلاق السريع إلى قلب الله.

٭ ٭ ٭

الفضيلة والطهارة ليستا متجذرتين في الضعف، بل بالأحرى هما ميزتان قويتان لمكافحة قوى الشر. في مقدورك اختيار كم من الطهارة والمحبة والجمال والفرح الروحي ستظهره، ليس فقط من خلال أفعالك بل أيضاً في أفكارك ومشاعرك ورغباتك... احتفظ بفكرك نقياً وستجد الله معك على الدوام. ستسمعه يتحدث إليك بلغة قلبك. وستلمحه في كل زهرة ونبتة، وفي كل ورقة عشب، وكل فكرة تخطر ببالك. "طوبى للأنقياء القلب لأنهم يعاينون الله".[٤]

إن أفضل طريقة للتغلب على الإغراء هي بالمقارنة. تأمَّل أكثر وستجد أن التأمل يمنحك سعادة أكبر.

❖ ❖ ❖

عندما تسحب عقلك للداخل [في التأمل]، سوف تبدأ بإدراك أن الأشياء الرائعة التي في الداخل هي أكثر بكثير من تلك التي في الخارج.

لو أنك أبصرتَ نفسك التي هي الانعكاس النقي لله في داخلك، لوجدتَ أن كل رغباتك قد تحققت!

❖ ❖ ❖

في غياب الفرح الباطني يجنح الناس نحو الشر، والتأمل في إله الغبطة يملؤنا طيبة وصلاحاً.

❖ ❖ ❖

٤ متى ٥:٨

الذات أو الأنا تحاول إشباع حنين النفس الدائم لله عن طريق الوسائل المادية. ولكن بعيداً عن تحقيق هدفها فإنها تضاعف شقاء الإنسان وتزيد من معاناته، لأن جوع النفس لا يمكن أبداً إشباعه عن طريق الحواس. عندما يدرك الإنسان ذلك ويسيطر على ذاته، أي عندما يمتلك ضبط النفس، تتمجد حياته بإدراكه للنعيم الإلهي أثناء وجوده في الجسد. عندئذٍ، وبدلاً أن يكون عبداً للرغبات والشهوات المادية، يتحول انتباهه إلى قلب الحضور الكلي، ويسكن فيه للأبد مع الفرح المخبوء في كل شيء.

الموقف الصحيح تجاه الأخطاء السابقة

تجنّب التفكير في كل الأشياء الخاطئة التي فعلتها، فهي ليست أخطاءك الآن. دعها تصبح من الماضي المنسي. الانتباه هو الذي يخلق العادات والذاكرة. حالما تضع إبرة الفونوغراف على الأسطوانة تبدأ بالتشغيل. الانتباه هو الإبرة التي تشغّل أسطوانة الأعمال الماضية. لذلك يجب ألّا تضع انتباهك على الأسطوانات الذهنية السيئة. لماذا تستمر في معاناتك بسبب أفعال ماضيك غير الحكيمة؟ اطرد ذكراها من عقلك واحذر من تكرار تلك الأفعال مرة أخرى.

❖ ❖ ❖

قد تكون قلقاً بسبب الأخطاء التي ارتكبتها، لكن الله ليس قلقاً حيالها. ما مضى قد مضى. أنت ابنه، والأفعال الخاطئة التي فعلتها حصلت بسبب عدم معرفتك له. إنه لا يؤاخذك على شرٍ

ارتكبته تحت تأثير الجهل. كل ما يطلبه منك هو عدم تكرار أفعالك الخاطئة. وكل ما يريده هو معرفة ما إذا كانت نيتك صادقة في الصلاح والإصلاح.

❖ ❖ ❖

[قال سري يوكتسوار]: "انسَ الماضي، فالحياة الماضية لكل الناس مظلمة بالكثير من المعايب. والسلوك البشري لا يمكن الركون إليه أو التعويل عليه إلى أن يرسخ الإنسان في الله. كل شيء سيتحسن مستقبلاً ما دمت تبذل مجهوداً روحياً الآن".

❖ ❖ ❖

لا تعتبر نفسك خاطئاً. أنت ابن الآب السماوي. حتى لو كنت أكبر الخطاة، انسَ الموضوع. إن كنت قد صممت على أن تكون طيباً، فأنت لم تعد خاطئاً...[٥] افتح صفحة جديدة وابدأ بداية نظيفة وقل لنفسك: "لقد كنتُ دوماً طيباً. وفقط كنت أحلم بأنني سيء". هذا صحيح: فالشر هو كابوس ولا صلة له بالنفس.

❖ ❖ ❖

حتى لو كانت أخطاؤك بعمق المحيط، لا يمكنها أن تبتلع نفسك. امتلك عزيمة لا تتزعزع واتخذ قراراً حازماً بمواصلة

٥ حتى الذي لديه أسوأ كارما، إن واظب على التفكير بي يتحرر بسرعة من الآثار السيئة لأفعاله الماضية. وإذ يصبح كائناً ذا سمو روحي، يحصل قريباً على السلام الدائم. اعلم هذا علم اليقين: أن المتعبد الذي يضع ثقته بي لا يهلك أبداً!" (بهاغافاد غيتا ٩:٣١-٣٠).

السير على طريقك، لا تعيقك أفكار الأخطاء الماضية المقيِّدة المحدودة.

❖ ❖ ❖

أنت شرارة من الشعلة الأبدية. يمكنك إخفاء الشرارة ولكن لا يمكنك أبداً إبادتها.

❖ ❖ ❖

ما من خطيئة لا تغتفر، وما من شر لا يمكن قهره وتجاوزه، لأن عالم النسبية لا يحتوي على حقائق مطلقة.

❖ ❖ ❖

الله لا يهجر ولا يتخلى عن أي واحد. عندما ترتكب إثماً، تظن أن ذنبك لا حد له ولا يمكن إصلاحه. وعندما يعتبرك العالم عديم الأهمية ويقول لا فائدة ترجى منك، توقف قليلاً وفكّر بالأم الكونية.[٦] قل لها: "يا أمي الإلهية، أنا طفلك – طفلك الشقي. وأتوسل إليكِ أن تسامحيني". عندما تبتهل إلى الله في مظهر الأم تذيب القلب الإلهي. ولكن الله لن يسندك إن استمريت في ارتكاب المعاصي.. يجب أن تترك أفعالك الشريرة عندما تصلي.

❖ ❖ ❖

القديسون خطاة لم يستسلموا ولم يتوقفوا عن بذل المجهود [في إصلاح أنفسهم]. مهما كانت الصعوبات التي تواجهك، إن

٦ راجع المسرد.

لم تستسلم، فإنك ماضٍ قدماً ضد التيار. الكفاح يعني الفوز برضا الله.

❖ ❖ ❖

هل ترخص قيمة الجوهرة إن غطّتها طبقة من الطين؟ إن الله يبصر جمال نفوسنا الذي لا يتغير ويعلم بأننا لسنا أخطاءنا.

❖ ❖ ❖

لبضعة تجسدات وأنت كائن بشري، لكنك ابن الله طوال الأبد. لا تفكر أبداً أنك خاطئ، لأن الخطيئة والجهل هما كابوسان بشريان. عندما نستيقظ في الله، سنجد أننا – نحن النفس، الوعي النقي – لم نفعل أي شيء خاطئ. لقد كنا وما زلنا أبناء الله، غير ملوثين بالتجارب والاختبارات البشرية.

❖ ❖ ❖

كل واحد منا هو ابن الله. إننا مولودون من روحه، بكل ما فيها من طهارة ومجد وفرح. ذلك الميراث منيع وغير قابل للشك. من أعظم الخطايا أن يدين المرء نفسه بأنه خاطئ وسائر على درب الخطيئة. يقول الكتاب المقدس: "أما تعلمون أنكم هيكل الله وروح الله يسكن فيكم؟"[٧] تذكر دوماً ما يلي: أن أباك السماوي

٧ كورنثوس الأولى ٣: ١٦. قارن أيضاً بالفقرة التالية التي وردت في البهاغافاد غيتا ١٣: ٢٢، ٣٢: "الروح الأسمى هو فائق ومقيم في الجسد، وهو الناظر، والموافق، والمعيل، والمختبِر. إنه الرب الأعظم، وهو أيضاً الذات العليا... وهذه الذات بالرغم من وجودها في كل مكان في الجسد، لكنها

يحبك دون قيد أو شرط.

***

خلق العادات الجيدة والقضاء على العادات السيئة

تقرّب من الله وستجد أنك تحطم سلاسل العادات وقيود البيئة... النفس المرتبطة بالأنا هي مقيدة والنفس المحققة ذاتها مع الروح حرة طليقة.

***

العقل قد يقول لك بأنك لا تستطيع تحرير نفسك من عادة معينة. لكن العادات ليست سوى تكرار لأفكارك، ولديك القدرة على تغيير تلك الأفكار.

***

معظم الأشخاص الذين يتخذون قراراً بالإقلاع عن التدخين أو بالتوقف عن أكل الكثير من الحلويات سيستمرون في تلك الممارسات رغماً عن أنفسهم. إنهم لا يتغيرون لأن عقولهم تشبه ورق النشّاف الذي تشرَّب عادات الفكر. العادة تعني أن العقل يظن أنه غير قادر على التخلص من فكرة معينة. في الحقيقة العادة قاسية وعنيدة. فعندما تقوم بعملٍ ما، يترك ذلك العمل أثراً أو انطباعاً في الوعي. ونتيجة لذلك التأثير فمن المرجح أنك ستكرر ذلك الفعل.

تبقى نقية طاهرة على الدوام.

* * *

إن تكرار فعل من الأفعال يخلق مخططاً عقلياً. فكل فعل يتم القيام به عقلياً وأيضاً جسدياً. وتكرار فعل محدد وما يصاحبه من نمط فكري يؤدي إلى تشكيل مسالك كهربائية شفافة في الدماغ الفسيولوجي، تشبه إلى حد ما الأخاديد في أسطوانة الفونوغراف. وبعد فترة من الزمن، كلما وضعت إبرة الانتباه على "أخاديد" المسالك الكهربائية تلك، تقوم بتشغيل "أسطوانة" المخطط العقلي الأصلي. وكلما كررت فعلاً معيناً تصبح تلك المسالك أكثر عمقاً، لدرجة أن أقل انتباه يقوم تلقائياً "بتشغيل" نفس تلك الأفعال المرة بعد الأخرى.

* * *

هذه الأنماط تجعلك تتصرف بطريقة معينة، وغالباً ضد إرادتك. إن حياتك تتبع تلك الأخاديد التي قمت أنت بحفرها في دماغك. ومن هذا المنطلق أنتَ لست حراً. إنك إلى حد ما ضحية العادات التي قمت بتشكيلها. واعتماداً على كيفية ومدى رسوخ تلك الأنماط، فأنت إلى تلك الدرجة دمية. ولكن باستطاعتك تحييد إملاءات تلك العادات السيئة. كيف؟ باستحداث أنماط عقلية لعادات طيبة معاكسة. كما يمكنك أن تمسح [أي تمحو] بصورة كاملة أخاديد العادات السيئة بواسطة التأمل.

❖ ❖ ❖

يجب أن تشفي نفسك من العادات الشريرة بكيِّها [أي حرقها في لهب] العادات الطيبة المضادة. على سبيل المثال، إن كنت تعاني من عادة الكذب السيئة، وبتصرفك هذا قد فقدتَ العديد من الأصدقاء، ابدأ بتشكيل عادة الصدق الطيبة المضادة للكذب.

❖ ❖ ❖

قم بإضعاف العادات السيئة بتجنّب كل ما من شأنه أن يوقظها أو ينبهها، دون التركيز عليها بتحمسك لتجنبها. بعد ذلك قم بتوجيه فكرك نحو عادة طيبة واعمل على تنميتها باستمرار حتى تصبح جزءاً من حياتك يمكنك الوثوق به والاعتماد عليه.

❖ ❖ ❖

حتى العادة السيئة تستغرق وقتاً لكي تترسخ وتتمكن من تحقيق التفوق، فلماذا لا تتحلى بالصبر أثناء تنمية عادة جيدة منافسة لها؟ لا تدع العادات السيئة تسبب لك الإحباط. كل ما عليك عمله هو ببساطة التوقف عن تغذيتها كي لا تجعلها تزداد قوة بفعل التكرار. إن الفترة الزمنية لتشكيل العادات تختلف باختلاف أدمغة الأفراد وأجهزتهم العصبية، ويتم تحديدها بشكل رئيسي بحسب نوعية الانتباه.

❖ ❖ ❖

من خلال قوة الانتباه العميق، المركّز والمدرّب، يمكن ترسيخ أي عادة – وهذا يعني، بالإمكان تشكيل أنماط جديدة في الدماغ – بالإرادة وعلى الفور تقريباً.

* * *

عندما ترغب في إنشاء عادة جيدة أو القضاء على عادة سيئة، ركّز انتباهك على خلايا الدماغ الذي هو مخزن آليات العادات. لخلق عادة جيدة، تأمَّل، ثم ركّز على مركز المسيح: مركز الإرادة بين الحاجبين، وأكّد وحدد بعمق العادة الجيدة التي تريد تثبيتها. وعندما ترغب في القضاء على عادات سيئة، ركّز على وعي المسيح وأكّد بعمق أن جميع أخاديد العادات السيئة يتم مسحها، أي محوها.

* * *

بتركيز الذهن وبقوة الإرادة يمكنك مسح حتى الأخاديد العميقة للعادات المزمنة. على سبيل المثال، إن كنت مدمناً على التدخين، قل لنفسك: "لقد مضت فترة طويلة على وجود عادة التدخين في دماغي. الآن أحصرُ انتباهي وأركّز على دماغي وأطلب بالإرادة طرد تلك العادة منه". اطلب ذلك وبإصرار من عقلك، المرة تلو الأخرى. إن أفضل وقت للقيام بذلك هو في الصباح، عندما تكون الإرادة متحفزة والانتباه يقظاً. أكّد على حريتك مراراً وتكراراً، مستخدماً كل قوة إرادتك. ويوماً ما ستشعر فجأة بأنك لم تعد مقيداً بتلك العادة.

* * *

إذا كنت ترغب حقاً بتخليص نفسك من عادات سيئة حالية... لا يوجد من طريقة أعظم من التأمل. فكل مرة تتأمل بعمق في الله، تحدث تغيرات نافعة في أنماط دماغك.

❖ ❖ ❖

تأمل في فكرة "أنا وأبي [السماوي] واحد"، محاولاً الشعور بسلام عظيم ثم بفرح كبير في قلبك. وعندما يأتي ذلك الفرح، قل: "يا أبتاه، إنك معي، وإنني أطلب من قوّتك التي في داخلي بأن تحرق خلايا العادات الخاطئة في دماغي ومعها بذور الميول [السيئة] القديمة". إن قوة الله كفيلة بفعل ذلك في التأمل. حرر نفسك من الوعي المحدود والمقيِّد بأنك رجل أو امرأة. ١علم أنك ابن/ابنة الله. ثم أكّد بفكرك وصلِّ لله: "أطلبُ بقوة من خلايا دماغي بأن تتغير وتدمَّر أخاديد العادات السيئة التي جعلت مني دمية. احرق يا رب تلك الأخاديد بنورك الإلهي".

❖ ❖ ❖

على افتراض أن مشكلتك هي أنك كثيراً ما تغضب، وبعد ذلك تشعر بأسف كبير لأنك فقدت أعصابك. كل صباح ومساء صمم على أنك ستتجنب الغضب، ثم راقب نفسك بدقة. اليوم الأول قد يكون صعباً، لكن اليوم الثاني سيكون أسهل قليلاً. واليوم الثالث سيكون أسهل من ذلك. وبعد عدة أيام ستجد أن النصر ممكن. وإن واصلت بذل المجهود ستجد أنك في غضون سنة قد أصبحت شخصاً آخر.

صلاة من أجل الحكمة التمييزية

هب لي الحكمة كي أتبع بسرور دروب البر
والتقوى، وكي أنمّي التمييز الروحي الذي يكتشف
الشر حتى في أدق صوره ويرشدني إلى دروب
الاستقامة المتواضعة.

توكيد للتخلص من العادات السيئة

[لقد اختتم برمهنسا يوغانندا إحدى محاضراته العامة، بخصوص التغلب على العادات، بمخاطبة الحضور على النحو التالي:]

اغمضوا أعينكم وفكروا بعادة سيئة واحدة تريدون التخلص منها... وأكدوا معي: "إنني متحرر من تلك العادة الآن!" تمسّكوا بفكرة الحرية تلك، وانسوا العادة السيئة.

كرروا ما أقوله: "سوف أعيد تشكيل وعيي. أنا في العام الجديد إنسان جديد. وسأغيّر وعيي مراراً وتكراراً إلى أن أطرد ظلمة الجهل وأُظهر نور الروح الإلهي الساطع الذي أنا مخلوق على صورته".

صلاة

أيها المعلم الإلهي، دعني أدرك أنه حتى ولو كان ظلام جهلي قديماً قِدم الدهر، فمع إطلالة فجر نورك ستتلاشى الظلمة كما لو لم تكن موجودة من قبل!

الفصل ١٠

السعادة

إن كنتَ قد يئستَ من العثور على السعادة، ابتهج وطب نفساً. لا تفقد الأمل أبداً. فنفسك التي هي انعكاس للروح الكوني دائم الفرح، هي في جوهرها السعادة بذاتها.

❖ ❖ ❖

إن كانت السعادة هي ما تريده، فاحصل عليها! إذ لا يوجد شيء يمكن أن يمنعك من ذلك.

الموقف العقلي الإيجابي

تتوقف السعادة إلى حد ما على الظروف الخارجية، لكنها تعتمد أصلاً على الحالة النفسية.

❖ ❖ ❖

وفقًا للعلم الروحي، فإن موقف العقل هو كل شيء... درّب العقل على البقاء محايداً في كل الحالات. العقل يشبه الورق النشاف، الذي يكتسب بسهولة لون أي صبغة تقوم بوضعها عليه. معظم العقول تكتسب لون بيئتها. ولكن لا عذر لانهزام العقل

بسبب الظروف الخارجية. إذا تغير موقفك العقلي باستمرار تحت ضغط الاختبارات، تخسر معركة الحياة.

◆ ◆ ◆

إن تصميماً قويا كي تصبح سعيداً سيساعدك. لا تتوقع أن تتبدل ظروفك، محتسباً من قبيل الوهم أن المتاعب تكمن فيها.

◆ ◆ ◆

غيّر أفكارك إن رغبت في تغيير ظروفك. وبما أنك وحدك المسؤول عن أفكارك، فأنت الوحيد القادر على تغييرها. وسترغب في تغيير أفكارك عندما تدرك أن كل فكرة تخلق وفقاً لطبيعتها. تذكّر أن القانون يعمل في جميع الأوقات وأنك تبرهن عن ذلك دوماً وفقاً لنوع الأفكار التي تقلّبها في ذهنك. لذلك، ابدأ الآن وفكّر فقط تلك الأفكار التي ستجلب لك الصحة والسعادة.

◆ ◆ ◆

على الإنسان أن يدرك أن عقله يتحكم بذرات جسده. ويجب ألّا يعيش في ركن مغلق من ضيق الأفق العقلي. تنفس الهواء النقي لأفكار وآراء الآخرين الحيوية المنعشة، واطرد أفكار الإحباط والسخط والقنوط السامة المؤذية. اشرب النشاط الحيوي واحصل على الغذاء العقلي من العقول التقدمية في المجالين المادي والروحي. تمتع إلى أقصى حد بالتفكير الخلاق داخل نفسك وفي الآخرين. وقم بمشاوير ذهنية طويلة على دروب الثقة بالنفس. تمرّن باستخدام أدوات الحكم الصائب والتأمل الباطني وروح المبادرة.

◆ ◆ ◆

بما أن العقل هو دماغ وشعور وإدراك كل الخلايا لحية، فباستطاعته إبقاء الجسم إما يقظاً متنبهاً أو عرضة للفتور والاكتئاب. العقل هو الملك، وكل الرعايا الخلوية تتصرف تماماً وفقاً للحالة النفسية لسيدها الملكي. ومثلما نهتم بالقيمة الغذائية لوجباتنا اليومية، هكذا يجب أن نبدي اهتماماً بالقوة الغذائية للوجبات السيكولوجية التي نقدمها للعقل على أساس يومي.

❖ ❖ ❖

طبيعة النفس هي الغبطة: حالة داخلية من الفرح المتغير والمتجدد على الدوام... رسّخ وعيك المشاكس المتمرد في الهدوء الثابت داخل نفسك، الذي هو عرش الله. ثم دع نفسك تُظهر الغبطة ليلاً ونهاراً.

❖ ❖ ❖

إذا لم تختر أن تكون سعيداً فلن يستطيع أحد أن يجعلك سعيداً. فلا تلم الله على ذلك! وإن اخترت أن تكون سعيداً فلن يستطيع أحد أن يجعلك غير سعيد. لو لم يمنحنا الله الحرية في استخدام إرادتنا الخاصة، لكان بإمكاننا أن نلومه عندما لا نكون سعداء. لكنه منحنا تلك الحرية. ولذلك نحن من يجعل الحياة ما هي عليه.

❖ ❖ ❖

غالباً ما نستمر في المعاناة دون أن نبذل مجهوداً للتغيير، ولهذا السبب لا نعثر على السلام والرضا الدائمين. إذا بقينا مثابرين

سنكون بالتأكيد قادرين على التغلب على جميع الصعوبات. يجب أن نبذل المجهود لكي ننتقل من الشقاء إلى السعادة، ومن القنوط إلى الشجاعة.

❖ ❖ ❖

يجب أن تردد ابتسامتك صدى البسمة الإلهية اللامتناهية. دع نسمات الحب الإلهي تنشر ابتساماتك في قلوب الناس. ابتساماتك المقدسة ستكون مُعدية وسيطارد لهيبها الظلمة ويطردها من قلوب الآخرين.

❖ ❖ ❖

الأشخاص ذوو الشخصية القوية هم عادة أسعد الناس. فهم لا يلومون الآخرين على مشاكل يمكن عادة إرجاعها إلى تصرفاتهم الخاصة وعدم فهمهم. هم يعلمون أنه لا أحد يستطيع أن يضيف إلى سعادتهم أو ينتقص منها، ما لم يكونوا ضعفاء جداً بحيث يسمحون لأفكار الآخرين المعاكسة وأفعالهم الخبيثة بأن تؤثر عليهم.

❖ ❖ ❖

تذكّر: بغض النظر عن الأوضاع السيئة التي مررت وتمر بها، أو تعرضتَ وتتعرض لها، ليس لديك الحق في أن تكون متقلب المزاج. تستطيع أن تكون منتصراً في فكرك. عندما يُغلَب الشخص المزاجي فإنه يعترف بالهزيمة. أما الشخص الذي لا يُقهر عقلُه فهو المنتصر الحقيقي حتى ولو احترق العالم عند

قدميه.

❖ ❖ ❖

سعادتك العظمى تكمن في استعدادك الدائم لأن تتعلم وتتصرف تصرفاً لائقاً. كلما عملت على تحسين نفسك كلما ساعدت في ترقية الآخرين من حولك. الشخص الذي يعمل على تحسين ذاته هو الشخص الذي يشعر بسعادة متزايدة. وكلما زادت سعادتك، كلما زادت سعادة الناس من حولك.

❖ ❖ ❖

تجنّب النظرة السلبية للحياة. ولماذا التحديق في المجاري والبالوعات والجَمال من حولنا؟ قد يجد الشخص عيباً في أروع آيات وتحف الفن والموسيقى والأدب. ولكن أليس من الأفضل التمتع بسحرها وروعتها؟

❖ ❖ ❖

كل واحد تقريباً على دراية بأشكال القرود الثلاثة الصغيرة التي تجسّد القول المأثور: "لا ترَ شراً، ولا تسمع شراً، ولا تقل شراً". وإنني أفضل الجانب الإيجابي المتمثل في: "انظر الأشياء الطيبة، واسمع الأشياء الطيبة، وتحدّث بالأشياء الطيبة".

❖ ❖ ❖

الخير والشر، الإيجابي والسلبي، كلاهما موجود في هذا العالم. أثناء محاولة الحفاظ على الوعي إيجابياً، يصبح العديد من الناس خائفين بشكل غير معقول من الأفكار السلبية. لا فائدة من

إنكار وجود الأفكار السلبية، ولكن لا ينبغي أن تخشاها. استخدم تمييزك لتحليل الأفكار الخاطئة ثم تخلّص منها.

* * *

للحياة جانب مشرق وآخر مظلم، لأن العالم مكوّن من النور والظلال. إن سمحتم لأفكاركم في التركيز على الشر فسوف تجلبون لأنفسكم القبح والبشاعة. ابحثوا فقط عن الخير في كل شيء لعلكم تتشربون جوهر الجمال.

* * *

التفكير، والقراءة، وتكرار الأقوال عن الحق بانتباه عميق سيساعد على تخلّصك من السلبيات وترسيخ موقف إيجابي في عقلك. كرر ابتهالاتك وأدعيتك بتركيز عميق إلى أن تؤسس عادة فكرية، بحيث يصبح من الطبيعي لك أن تفكر تفكيراً صحيحاً مثلما كنت في السابق تفكر أفكاراً سلبية.

التحرر من المزاج السلبي

إن فرح الله المتجدد على الدوام متأصلٌ في النفس ولا يمكن القضاء عليه. وبالمثل، فإن التعبير عنه في العقل لا يمكن تدميره فيما إذا عرف الشخص كيف يتمسّك به ويحافظ عليه، ولم يقم عمداً بتغيير تفكيره ويصبح حزيناً بتغذية المزاج المتقلب.

* * *

أنتَ صورة الله ويجب أن تتصرف كإله. ولكن ما الذي

يحدث؟ أول شيء في الصباح تفقد أعصابك وتتذمر قائلاً "إن قهوتي باردة!" ما أهمية ذلك؟ ولماذا تنزعج من مثل هذه الأشياء؟ امتلك الاتزان العقلي بحيث تحتفظ بهدوء تام، متحرراً من كل أنواع الغضب. هذا ما تريده. لا تسمح لأحد أو لأي شيء بأن يستفزك و "يسلبك حقك". و "حقك" هنا هو بمثابة سلامك. فلا تدع أحداً ينتزعه منك.

❖ ❖ ❖

انهض وترفّع عن صغائر الحياة: عن الأشياء الصغيرة التي تقلقك وتزعجك.

❖ ❖ ❖

ما من أحد يحب التعاسة. لماذا لا تحلل نفسك في المرة القادمة عندما تكون في مزاج سيء؟ ستجد كيف أنك تجعل نفسك بائساً باختيارك ومحض إرادتك. وأثناء ذلك، يشعر الآخرون من حولك بحالتك النفسية... يجب أن تزيل الحالة المزاجية من مرآتك العقلية.

❖ ❖ ❖

فكر دوماً أن عقلك هو حديقة، واحتفظ به جميلاً وعابقاً بالأفكار المقدسة. لا تدعه يصبح غديراً موحلاً، يعجّ بحالات نفسية قبيحة وكريهة الرائحة. إن قمت بتنمية زهور السلام

والمحبة ذات الأريج السماوي، ستنجذب نحلة وعي المسيح[١] إلى حديقتك. ومثلما تبحث النحلة فقط عن تلك الزهور التي تحتوي على حلاوة العسل، هكذا يأتي الله إليك عندما تزخر حياتك بأفكارٍ عذبة كعذوبة العسل.

❖ ❖ ❖

لكل حالة من الحالات المزاجية سبب، وذلك السبب يكمن في عقلك.

❖ ❖ ❖

يجب على المرء أن يقيّم ذاته كل يوم ليعرف طبيعة حالته المزاجية ويعمل على تصحيحها إن كانت مؤذية. قد تجد نفسك في حالة ذهنية غير مبالية، وأنك غير مهتم بأية مقترحات يتم تقديمها لك. لذلك من الضروري أن تبذل مجهوداً واعياً لخلق اهتمام إيجابي من نوع ما. احذر اللامبالاة التي تقيّد وتعيق تقدمك في الحياة من خلال شلّ قوة إرادتك.

أو قد تكون حالتك المزاجية ناجمة عن تثبيط العزيمة بسبب المرض؛ عن شعور بأنك لن تتعافى ثانية. يجب أن تحاول تطبيق قوانين العيش الصحيح التي تؤدي إلى حياة صحية، ونشطة، وأخلاقية، وأن تصلي لتعزيز إيمانك في قوة الله الشافية.

أو لنفرض أن حالتك المزاجية هي قناعتك بأنك فاشل ولا يمكنك النجاح في أي شيء. حلل المشكلة لمعرفة ما إذا كنت قد

١ الوعي الإلهي، الكلي الوجود في الخليقة. راجع المسرد.

بذلت كل الجهود اللازمة للنجاح.

❖ ❖ ❖

بإمكانك السيطرة على حالاتك المزاجية، مهما بدت مروعة. قرر بأنك لن تكون مزاجياً بعد الآن. وإذا شعرت بوجود المزاج بالرغم من قرارك، حلل السبب الذي أتى به واعمل شيئاً بنّاءً للتخلص منه.

❖ ❖ ❖

التفكير الخلّاق[٢] هو الترياق المضاد للحالات المزاجية. المزاج يسيطر على وعيك عندما تكون في حالة نفسية سلبية. في الوقت الذي يكون فيه عقلك فارغاً يمكن أن يصبح مزاجياً. وعندما تكون في حالة مزاجية، يأتي الشيطان ليمارس تأثيره عليك. لذلك، اعمل على تنمية التفكير الخلاق. وعندما لا تكون نشطاً جسدياً افعل شيئاً خلاقاً في فكرك واحتفظ به منشغلاً بحيث لا يتبقى لديك وقت للانغماس في المزاج المتقلب.

❖ ❖ ❖

عندما تفكّر بطريقة إبداعية، لا تشعر بالجسد أو المزاج، وتصبح متناغماً مع الروح الإلهي. إن ذكاءنا البشري مصنوع على صورة ذكائه الخلاق الذي بواسطته كل الأشياء ممكنة. إن لم نعش في ذلك الوعي نصبح كتلة من الأمزجة المتقلبة. وعندما

٢ راجع أيضاً الصفحات ١٠٠ إلى ١٠٣

نفكر بطريقة خلّاقة نقضي على كل الحالات المزاجية.

❖❖❖

تذكر أنك عندما لا تكون سعيداً فالسبب يعود عادة إلى عدم تصورك بقوة كافية للأشياء العظيمة التي تريد بالتأكيد تحقيقها في الحياة، وأنك لا تستخدم قوة إرادتك، وقدرتك الإبداعية، وصبرك على نحو متواصل إلى أن تحقق أحلامك.

❖❖❖

استمر في عمل الأشياء البنّاءة المفيدة لتحسين نفسك ومنفعة الآخرين، لأن من يرغب في دخول مملكة الله عليه أيضاً أن يسعى كل يوم لفعل الخير للآخرين. إن سرت وفقاً لهذا النهج، ستشعر بالفرح الذي يبدد الحالة المزاجية، والناجم عن معرفتك بأنك تتقدم عقلياً وجسدياً وروحياً.

❖❖❖

خدمة الآخرين

السعادة تكمن في إسعاد الآخرين، في التخلي عن المصلحة الشخصية لجلب الفرح للآخرين.

❖❖❖

إن مَنح السعادة للآخرين هو أمرٌ في غاية الأهمية بالنسبة لسعادتنا، وهو اختبار يمنح قدراً كبيراً من الرضا. بعض الناس

لا يفكرون إلا بعائلتهم على حد المثل: "نحن الأربعة ولا أحد غيرنا". آخرون يفكرون فقط بأنفسهم ولسان حالهم يقول: "كيف يمكنني أن أُسعِد نفسي؟" ولكن هؤلاء هم نفس الأشخاص الذين لا يذوقون طعم السعادة!

❖ ❖ ❖

أن يعيش الإنسان لنفسه فقط هو مصدر كل تعاسة وشقاء.

❖ ❖ ❖

بتقديم الخدمة الروحية والعقلية والمادية للآخرين، ستجد أن احتياجاتك الخاصة قد تمت تلبيتها. عندما تنسى الذات في خدمة الآخرين، سيمتلئ كأس سعادتك حتى دون أن تسأل.

❖ ❖ ❖

عندما أتيتَ إلى هذا العالم، كنت تبكي وكان الجميع يبتسمون. ويجب أن تحيا حياتك بحيث عندما تغادر، سيبكي الجميع لكنك سوف تبتسم.

❖ ❖ ❖

كلما تعمقتَ في تأملك وقدمت خدماتك عن طيب خاطر، كلما كنت أكثر سعادة.

❖ ❖ ❖

الشروط الداخلية للسعادة

تعلّم كيف تتوفر على كل شروط السعادة الداخلية بالتأمل ومناغمة وعيك مع الفرح الدائم الوجود والدائم الوعي والدائم التجدد، الذي هو الله. يجب ألّا تتعرض سعادتك لأي تأثير خارجي. ومهما كانت بيئتك، لا تسمح لسلامك الداخلي بأن يتأثر بها.

• • •

عندما تتمكن من السيطرة على مشاعرك ستجد أنك تعيش في حالتك الحقيقية. الحالة الحقيقية للذات أو النفس هي الغبطة، والحكمة، والسلام. وهذا يعني الشعور بسعادة فائقة والاستمتاع بكل ما تقوم به. أليس هذا أفضل من التخبط في العالم كعفريت مضطرب لا يعرف الهدوء ولا يجد راحة في أي شيء؟ عندما تصبح راسخاً في ذاتك، فإنك تقوم بكل عمل وتستمتع بكل الأشياء الطيبة بالفرح الإلهي. وإذ تنتشي بغبطة الروح، تنجز كل الأعمال والواجبات بفرح وابتهاج.

• • •

في الحياة الروحية يصبح الشخص تماماً كالطفل الصغير — بدون غضب، وبدون تعلّق، مفعماً بالحياة والفرح.

• • •

السعادة الحقيقية يمكنها أن تتحمل تحديات كل التجارب الخارجية. عندما يمكنك تحمّل تصرفات الآخرين الخاطئة

والقاسية نحوك وتستطيع مع ذلك مقابلتها بالمحبة والتسامح؛ وعندما يمكنك الاحتفاظ بذلك السلام الداخلي المقدس سليماً متماسكاً بالرغم من طعنات الظروف الخارجية المؤلمة، عندها ستعرف هذه السعادة.

❖ ❖ ❖

مارس الصمت والهدوء [أثناء التأمل] كل ليلة لمدة نصف ساعة على الأقل، ويفضل لفترة أطول من ذلك بكثير قبل النوم، ومرة أخرى في الصباح قبل بدء النشاط اليومي. ستساعد هذه الممارسة على خلق عادة داخلية من السعادة لا يمكن كسرها، ستجعلك قادراً على مواجهة كل المواقف الصعبة في معركة الحياة اليومية. وبتلك السعادة التي لا تتغير في داخلك، انطلق لتحقيق متطلباتك واحتياجاتك اليومية.

❖ ❖ ❖

إن أغمضتَ عينَيْ تركيزك العقلي فلن تبصر شمس السعادة الساطعة في داخلك، ولكن في الحقيقة مهما أطبقتَ جفون انتباهك، تظل أشعة السعادة تحاول على الدوام اختراق أبواب عقلك المغلقة. افتح نوافذ الهدوء وستبصر إشراقة مباغتة لشمس السعادة الساطعة داخل ذاتك.

❖ ❖ ❖

أشعة الروح البهيجة يمكن إدراكها إن حوَّلت نتباهك للداخل. هذه المدركات يمكن الحصول عليها بتدريب عقلك

على التمتع بمناظر الأفكار الجميلة في المملكة المحتجبة في داخلك التي لا تدركها الحواس. لا تبحث عن السعادة فقط في الثياب الجميلة والبيوت النظيفة والأطعمة الشهية والأثاث الفاخر والترف والتنعّم، لأن هذه الأمور ستأسر سعادتك خلف قضبان الكماليات والمظاهر الخارجية.

❖ ❖ ❖

إنني أقدّر كل ما يهبه الله لي، ولكنني لا أفتقد تلك العطايا عندما لا تبقى في حوزتي. ذات مرة أهداني أحدهم معطفاً جميلاً مع قبعة، وكانا طقماً ثميناً. عندها بدأت هواجسي. إذ كان عليّ أن أقلق بشأن حفظ الطقم من التمزق ومن الاتساخ. وهذا جعلني متضايقاً، فقلت: "يا رب، لماذا أعطيتني هذا القلق؟" وفي أحد الأيام كنت سألقي محاضرة في قاعة ترينيتي هنا في لوس أنجلوس. وعندما وصلت إلى القاعة وبدأت في خلع معطفي، قال لي الرب: "خذ معك أغراضك التي في جيوبك". فعلتُ ذلك. وبعد انتهاء المحاضرة عدت إلى غرفة المعاطف، وإذ بالمعطف قد اختفى. كنت ساخطاً، فقال لي أحدهم: "لا تقلق سنشتري لك معطفاً آخر". أجبته: "لست ساخطاً لأنني فقدت المعطف، ولكن لأن الذي أخذ المعطف لم يأخذ أيضاً القبعة المناسبة للمعطف!"

لا تدع مشاعرك تتحكم بك. كيف يمكنك أن تكون سعيداً إن كنت ستقلق وتنزعج طول الوقت بسبب ثيابك أو مقتنيات أخرى؟ لتكن ثيابك نظيفة ومرتبة ولا تقلق بشأنها بعد ذلك. نظّف بيتك ولا تواصل التفكير فيه.

❖ ❖ ❖

كلما اعتمدتَ على الظروف الخارجية لتصبح سعيداً، كلما قلَّ شعورك بالسعادة.

❖ ❖ ❖

إذا كنت تعتقد أنه يمكنك أن تنسى الله ومع ذلك تعيش بسعادة فأنت مخطئ ، لأنك ستصرخ مراراً وتكراراً في وحدتك ووحشتك إلى أن تدرك أن الله هو الكل في الكل وأنه هو الحقيقة الواحدة في الوجود. أنت مخلوق على صورته. ولن تتمكن من العثور على السعادة الدائمة في أي شي لأنه لا يوجد ما هو كامل إلا الله.

❖ ❖ ❖

السعادة الخالصة التي أجدها في التواصل مع الله لا يمكن وصفها بالكلام. فأنا ليلاً نهاراً في حالة من الفرح، وذلك الفرح هو الله. إن التعرف على الله يعني تكفين ودفن كل أحزانك. إنه لا يتطلب منك أن تكون متجهماً كئيبا لأن ذلك ليس المفهوم الصحيح عن الله، ولا الطريقة لكسب رضاه. إن لم تكن سعيداً فلن تتمكن حتى من العثور عليه... كلما كنتَ سعيداً أكثر، كلما كان تناغمك معه أكبر. الذين يعرفونه هم سعداء دائماً، لأن الله هو الفرح ذاته.

توكيدات

بدءاً مع إطلالة الفجر الباكرة، سأبثّ ابتهاجي وفرحي لكل من أقابله اليوم. سأكون شعاع شمس عقلياً لكل الذين يَعبرون طريقي هذا اليوم.

* * *

إنني أشكّل عادات تفكير جديدة بمعاينة الخير في كل مكان، وبالنظر إلى كل الأشياء على أنها مظهر لفكرة الله التامة المتقنة.

* * *

سأصمم على أن أكون سعيداً داخل نفسي، في هذه اللحظة حيث أنا موجود الآن.

الفصل ١١

الانسجام مع الآخرين

إن أعظم سعادة، بعد السعادة الإلهية هي أن يكون الشخص في سلام مع أقربائه المباشرين، الذين يتحتم عليه العيش معهم كل يوم من أيام السنة. عندما يحاول الناس التعامل مع آلية المشاعر البشرية الشديدة التعقيد، دون أي تدريب على الإطلاق، غالباً ما تكون النتائج المترتبة على ذلك كارثية. إن قلة قليلة جداً من الأشخاص يدركون أن سعادتنا تكمن في فن معرفة قانون السلوك البشري. وهذا هو السبب في أن الكثير من الناس غالباً ما يجدون أنفسهم في مواقف صعبة ومحرجة مع أصدقائهم، وأسوأ من ذلك، في خصام دائم مع أعز أحبتهم في البيت.

التعامل مع العلاقات غير المتوافقة

القانون الأساسي للتصرف البشري الصحيح هو تقويم الذات... فكلما حدثت مشكلة مع أصدقائنا أو أعزائنا، يجب في داخلنا أن نلقي اللوم على أنفسنا بسبب الدخول في موقف غير سار، ثم نحاول الخروج منه بأسرع ما يمكننا وبطريقة لائقة. فمن غير المجدي زيادة المتاعب بتوجيه اللوم للآخرين بصوتٍ عالٍ وبكلمات فظة وقاسية، حتى ولو شعرنا أنهم يستحقون اللوم.

يمكننا أن نعلّم أعزاءنا سريعي الغضب كيف يصححون عيوبهم من خلال مثالنا الحسن الذي هو أجدى وأنجع من استخدام الكلام الاستعلائي الجارح بمئة مرة.

* * *

عندما يحصل شجار، يكون هناك فريقان مشاركان على الأقل. لذلك لا يمكن أن يحدث شجار معك إن رفضت المشاركة فيه.

* * *

إن خاطبك أحدهم بعبارات جارحة، احتفظ بهدوئك، أو قل: "آسف إن كنت قد فعلت شيئاً أزعجك"، ثم ابقَ ساكتاً.

* * *

الشخص الروحاني الطباع يقهر الغضب بالهدوء، ويوقف الشجار بالتزام الصمت، ويبدد التنافر وعدم الانسجام باستخدام الكلام العذب، ويُخجل الفظاظة وقلة الأدب باحترام مشاعر الآخرين.

* * *

لا يوجد تصرّف يمنح الحرية أكثر من تقديم اللطف، بصدق وإخلاص، مقابل المعاملة القاسية.

* * *

لا تكن لئيماً أبداً. ولا تحمل الكراهية تجاه أي واحد. إنني

أفضل بعض الخطاة من ذوي القلوب الطيبة على بعض ما يُعتبرون أناساً طيبين لكنهم متعصبون وغير رحماء. أن تكون روحياً يعني أن تكون رحب الصدر، واسع الأفق، متفهماً، مسامحاً، وصديقاً للجميع.

❖ ❖ ❖

لم تتمكن الحكومة الرومانية بأكملها من إثارة مشاعر القسوة في المسيح. حتى الذين صلبوه صلى من أجلهم قائلاً: "يا أبتاه اغفر لهم لأنهم لا يعلمون ماذا يفعلون".[١]

❖ ❖ ❖

التهذيب الداخلي، واللطف الصادق الصادر من القلب، والنوايا الطيبة المتواصلة هي العلاج الصحيح لكل أنماط السلوك السيء.

❖ ❖ ❖

في معظم الأوقات، يتحدث الناس ويتكلمون من منظورهم الخاص. فهم نادراً ما يرون، أو حتى يحاولون أن يروا الأمور من وجهة نظر الشخص الآخر. إن تشاجرتَ مع أحدهم، بسبب نقص في الفهم أو التفاهم، فتذكّر أن كل واحد منكما يتحمل نفس القدر من اللوم مثل الآخر، بغض النظر عن من بدأ الجدال. "الحمقى يتجادلون، أما الحكماء فيتباحثون".

❖ ❖ ❖

١ لوقا: ٢٣: ٣٤

أن يكون لديك شعور بالهدوء لا يعني أن تبتسم وتوافق دائماً مع كل واحد بصرف النظر عما يقوله ــ أي أنك تحترم الحقيقة ولكن لا ترغب في إزعاج أي شخص بسببها. هذا ذهاب إلى أقصى الحدود. الذين يتبعون هذا الأسلوب لإرضاء الجميع، رغبة منهم في الحصول على الثناء بسبب طيبة قلبهم، لا يمتلكون بالضرورة سيطرة على مشاعرهم... من يتحكم بمشاعره يتبع الحقيقة، ويشارك الآخرين بهذه الحقيقة كلما أمكنه ذلك، ويتحاشى إزعاج أي شخص على نحو غير ضروري إن كان ذلك الشخص غير متقبل أو منفتح على الأقل. إنه يعرف متى يتكلم ومتى يلتزم الصمت، لكنه لا يساوم أبداً على مُثله العليا وسلامه الداخلي. مثل هذا الإنسان هو قوة لفعل الكثير من الخير في العالم.

❖ ❖ ❖

يجب أن نجعل أنفسنا جذّابين بارتداء ثياب الكلمات اللطيفة الراقية والمخلصة. ويجب قبل كل شيء أن نكون لطفاء مع أقربائنا المباشرين. عندما يستطيع الشخص أن يفعل ذلك سيتعود على أن يكون لطيفاً مع كل الناس. السعادة العائلية الحقيقية دعائمها مؤسسة على الفهم والكلمات الطيبة. من غير الضروري الموافقة على كل شيء لإظهار اللطف. الصمت الهادئ، والإخلاص، والكلمات اللطيفة، سواء وافق المرء أو لم يوافق مع الآخرين، تميز الشخص الذي يعرف كيف يحسن يتصرف.

❖ ❖ ❖

إن أردتَ أن يحبك الآخرون، ابدأ بمحبة الآخرين الذين يحتاجون إلى محبتك... وإن أردت أن يتعاطف الآخرون معك،

ابدأ بإظهار التعاطف مع الذين من حولك. وإن أردت أن تكون موضع احترام، يجب أن تتعلم أولاً أن تبدي الاحترام نحو الجميع، صغاراً وكباراً... وكل ما تريد من الآخرين أن يكونوا عليه، كن أنت ذلك أولاً؛ وعندها ستجد أن الآخرين يتجاوبون معك بنفس الطريقة.

تنمية شخصية توافقية

عندما تكون مع الآخرين كن ودوداً حقاً. لا تكن متذمراً شاكياً. لا تحتاج لأن تقهقه بصوت عالٍ كضحك الضباع: ولكن لا تكن متجهماً عبوساً أيضاً. فقط ابتسم، وكن أنيساً ولطيفاً. ومع ذلك، فإن الابتسام من الخارج عندما تكون غاضباً أو مستاءً في داخلك هو ادعاء وتظاهر. إن أردت أن تكون محبوباً كن مخلصاً. فالإخلاص هو ميزة روحية وهبها الله لكل إنسان لكن ليس الجميع يظهرها. قبل كل شيء، كن متواضعاً. ومع أنك قد تمتلك قوة داخلية جديرة بالإعجاب، لا تحاول الهيمنة على الآخرين بطبيعتك [شخصيتك] القوية. كن هادئاً ومراعياً لمشاعرهم. تلك هي الطريقة لتنمية المغناطيسية المحببة.

❖ ❖ ❖

لا تحاول التوافق مع الآخرين باستخدام أساليب وسلوكيات مصطنعة. فقط كن محباً وعلى استعداد دائم لتقديم المساعدة، واغمر نفسك بالحضور الإلهي ـ عندئذٍ ستجد أنك تنسجم مع الجميع في بيئتك.

❖ ❖ ❖

في علاقاتك مع الآخرين، من المهم جداً أن تتعرف على وتقدّر الخصائص التي عملوا على تنميتها داخل أنفسهم. إن درستَ الناس بعقل منفتح، ستفهمهم على نحو أفضل وستتمكن من الانسجام معهم. كما ستتمكن على الفور من معرفة نوع الشخص الذي تتعامل معه وكيف تتعامل معه. لا تُحدّث فيلسوفاً عن سباق الخيل، أو عالماً عن التدبير المنزلي. اعرف ما يثير اهتمام الشخص ثم تحدث معه عن ذلك الموضوع، وليس بالضرورة عن الموضوع الذي يهمك.

❖ ❖ ❖

عندما تتحدث، لا تكثر من الحديث عن نفسك. حاول التحدث عن موضوع يهم الشخص الآخر، واستمع. تلك هي الطريقة لأن تصبح جذّاباً. وستجد كيف أن حضورك مرغوب ومطلوب.

❖ ❖ ❖

تولد عقدة النقص من دراية سرية بنقاط ضعف حقيقية أو مُتَصَورة. وفي محاولة للتعويض عن نقاط الضعف تلك، قد يعمد الشخص إلى إحاطة نفسه بدرعٍ من الكبرياء، ويُظهر اعتداداً زائداً بالنفس. والذين لا يعرفون السبب الحقيقي لذلك التصرف يقولون إن لديه عقدة تفوّق. كلا المظهرين من عدم انسجامه الداخلي مدمّر لنموه الذاتي. وكلاهما يغذيه الوهم وتجاهل الحقائق ولا ينتمي أي منهما لطبيعة النفس الجوهرية والكلية القدرة. إن أسّستَ ثقتك بنفسك على إنجازات فعلية، إضافة إلى معرفة ذاتك

الحقيقية (النفس)، فلن تشعر بأي "نقصٍ" من أي ناحية. وعندها ستتحرر من كل العقد.

❖ ❖ ❖

إن وجدتْ الأغلبيةُ أنك شخصية غير جذابة، حلل نفسك. فقد تكون هناك خصال في تكوينك مكروهة للآخرين. ربما تكثر من الكلام، أو أنك متعود على التدخل فيما لا يعنيك، أو تخبر الآخرين عن أخطائهم وكيف يجب أن يعيشوا حياتهم، ولا تقبل أي اقتراح بخصوص تحسين ذاتك. هذه أمثلة على بعض الخصائص السيكولوجية التي تجعلنا غير جذّابين للآخرين.

❖ ❖ ❖

مراعاة مشاعر الآخرين هي واحدة من أروع المزايا. وهي أعظم جاذبية يمكن أن تمتلكها. قم بتطبيقها. إن كان أحدهم عطشاناً، يشعر الشخص المهتم بالآخرين بحاجته ويقدم له شربة ماء. الاهتمام بالغير يعني التفكير بهم والانتباه لهم. عندما يكون الشخص المهتم بغيره في صحبة الآخرين فإنه يمتلك شعوراً بديهياً باحتياجاتهم.

❖ ❖ ❖

مارس مراعاة المشاعر والطيبة إلى أن تصبح كالوردة الجميلة التي يحبها الجميع. كن الجمال في الزهرة والجاذبية في الفكر النقي. عندما تصبح جذاباً بهذه الطريقة، سيكون لديك دوماً أصدقاء حقيقيون. وسيحبك الله والإنسان.

التغلب على المشاعر السلبية

ما تبعث به للآخرين سوف يعود إليك. اشعر بالكراهية، وستحصل على الكراهية في المقابل. عندما تملأ نفسك بأفكار ومشاعر متنافرة فإنك تدمّر نفسك. لماذا تكره أي واحد أو تغضب منه؟ حب أعداءك. لماذا تسلق نفسك في حمى الغضب؟ إن شعرت بالغضب، تخلص من ذلك الشعور على الفور. تمشَّ، وعِدّ إلى ١٠ أو ١٥، أو حوّل فكرك إلى شيءٍ ممتع. تخلّص من الرغبة في الانتقام. عندما تغضب ترتفع درجة حرارة دماغك بصورة زائدة، وتحصل مشاكل لصمامات قلبك، ويفقد كل جسمك حيويته. انشر السلام وطيبة القلب، لأن تلك هي طبيعة صورة الله التي في داخلك ــ طبيعتك الحقيقية. وعندها لن يقدر أحد على إزعاجك.

٭ ٭ ٭

عندما تشعر بالغيرة والحسد تكون متواطئاً مع شيطان[٢] الخداع الكوني. عندما تغضب يكون الشيطان هو من يوجّهك... وعندما يتحدث إليك صوت الغيرة والحسد، أو الخوف، أو الغضب، تذكر أن ما تسمعه ليس صوتك، واطلب منه الابتعاد عنك. ولكن لن تتمكن من طرد ذلك الشر، مهما حاولت، ما دمت تمنح المشاعر السلبية ركناً آمناً في عقلك. قم باجتثاث الحسد، والغيرة، والخوف، والغضب من الداخل، بحيث في كل

٢ راجع مايا/Maya في المسرد.

مرة يوحي لك دافع شرير بأن تغضب وتؤذي، تسمع صوتاً داخلياً آخراً أقوى، يتحدث إليك من داخلك ويطلب منك أن تحب وتصفح. استمع لذلك الصوت.

❖ ❖ ❖

الغيرة مصدرها عقدة نقص، وتظهر من خلال الظنون أو الخوف. وهذا يعني أن الشخص يخشى أنه لا يستطيع الاحتفاظ [بأحبته] فيما يتعلق بعلاقاته الخاصة مع الآخرين، سواء كانت العلاقة زوجية، أو بنوية، أو اجتماعية. إذا كنت تشعر أن لديك ما يستوجب غيرتك على شخص ما – على سبيل المثال، إن كنت تخشى أن الشخص الذي تحبه يقوم بتحويل اهتمامه أو اهتمامها باتجاه شخص آخر – حاول أولاً أن تعرف ما إذا كنت تفتقد إلى شيء في داخلك. قم بتحسين وتطوير نفسك. الطريقة الوحيدة للاحتفاظ بمحبة واحترام الآخر هي بتطبيق قانون المحبة والعمل للحصول على استحقاق الاعتراف بك واستحسانك عن طريق تحسين الذات... الرضا يكمن في التحسين الدائم لنفسك بحيث بدلاً من أن تبحث عن الآخرين سيسعى إليك الآخرون.

❖ ❖ ❖

حتى عندما تبذل المجهود لتحسين نفسك، تعلّم كيف تقف وحيداً، آمناً مطمئناً في فضائلك وقيمتك الذاتية. إن أردتَ أن يصدّقك الآخرون ويثقون بك، فتذكّر أنه ليس فقط لكلماتك تأثير، بل لطبيعتك ومشاعرك الداخلية – أي لما تختزنه داخل نفسك تأثير أيضاً. حاول دوماً أن تكون ملاكاً في داخلك، بغض النظر

عن كيفية تصرف الآخرين. كن مخلصاً، لطيفاً، ودوداً، ومتفهماً.

❖ ❖ ❖

عندما يأتي أحدهم إليك غاضباً، ابقَ محتفظاً بتوازنك، وقل لنفسك: "لن أفقد أعصابي. سأظل أظهر الهدوء إلى أن يتغير شعوره ويهدأ".

❖ ❖ ❖

عندما يمتحن أحد أحبتنا صبرنا لدرجة تفوق الاحتمال... يجب أن نجلس في مكان هادئ، نقفل الباب، نمارس بعض التمارين الرياضية، ثم نقوم بتهدئة أنفسنا على النحو التالي:

اجلس على كرسي دون مساند، بحيث يكون العمود الفقري معتدلاً. تنفس ١٢ مرة شهيقاً وزفيراً ببطء. ثم ردد فكرياً وبعمق التوكيد التالي، عشر مرات أو أكثر: "يا أبتاه، أنت التناغم والانسجام. دعني أظهر تناغمك. دع الشخص العزيز عليّ الذي يعاني من الخطأ يشعر بالتوافق والوئام".

يجب أن يردد الشخص هذا التوكيد إلى أن يشعر، من خلال الإحساس العميق بالسلام والطمأنينة الهادئة اللذين يحلّان عليه، بأن الله قد سمع دعاءه واستجاب له.

❖ ❖ ❖

سأل أحد التلاميذ: "أليست تعاليمك بخصوص التحكم بالعواطف خطرة؟ إذ العديد من علماء النفس يقولون بأن الكبت يؤدي إلى اضطرابات نفسية وأمراض جسدية كذلك". فأجاب برمهنسا يوغانندا:

"إن كبت العواطف أمرٌ ضار – أي التفكير المتواصل بشيء ما دون القيام بخطوات بنّاءة للحصول عليه. ولكن ضبط النفس مُجدٍ ونافع – أي العمل بصبرٍ وأناة على استبدال الأفكار الخاطئة بالسليمة والأفعال القبيحة بالنافعة.

الذين ينغمسون في الشرور يجلبون الأذى والضرر على أنفسهم. أما الذين يملؤون عقولهم بالحكمة وحياتهم بالنشاطات البنّاءة يجنّبون أنفسهم آلاماً فظيعة ومعاناة مفزعة".

❖ ❖ ❖

[قال سري يوكتسوار]: "الغضب يصدر عن الرغبات المحبطة. إنني لا أتوقع شيئاً من الآخرين، ولذلك لا تتعارض تصرفاتهم مع رغباتي".

❖ ❖ ❖

إذا جرح أحدهم مشاعرك بعمق فإنك تتذكر ذلك. ولكن بدلاً من التركيز على ذلك، يجب أن تفكر بكل الأشياء الطيبة في حياة ذلك الشخص الذي آذاك، وأيضاً بكل الأشياء الطيبة في حياتك. لا تكترث للإهانات التي يوجهها الناس إليك.

❖ ❖ ❖

ركّز على محاولة معاينة الله في عدوك. لأنك بذلك ستحرر نفسك من شر الرغبة في الانتقام التي تدمر سلامك الداخلي. بتكديس الكراهية فوق الكراهية، أو مقابلة الكراهية بالكراهية، لا تزيد من عداوة خصمك تجاهك وحسب، بل تسمم جسمك

ومشاعرك أيضاً، بسمومك الخاصة.

❖ ❖ ❖

امتلك فقط المحبة للآخرين في قلبك. كلما أبصرتَ الخير فيهم، كلما رسَّخت الخير في نفسك. احتفظ بوعي الخير. الطريقة لجعل الآخرين طيبين هي أن تبصر الطيبة فيهم. لا تتذمر منهم ولا تتحامل عليهم. احتفظ بهدوئك، ورصانتك، واحتفظ دائماً بسيطرتك على نفسك، وستجد عندها أن الانسجام مع الآخرين أمرٌ في غاية السهولة.

❖ ❖ ❖

نظّف عقلك من كل الانتقادات السلبية للآخرين. استعمل نظرة أو إشارة لتصحيح شخص متقبل بطريقة ودية، ولكن لا تفرض التصحيح، ولا تستمر في التفكير بطريقة انتقادية، حتى ولو بقيتَ صامتاً.

❖ ❖ ❖

في بعض الأحيان تكون الأفكار أكثر فعالية من الكلمات. العقل البشري هو أقوى جهاز بث على الإطلاق. إن استطعت أن تبث باستمرار وبمحبة أفكاراً إيجابية، سيكون لتلك الأفكار تأثير على الآخرين. (وبالمثل، إن قمت ببث الحسد أو الكراهية، سيستقبل الآخرون تلك الأفكار ويستجيبون لها بنفس الكيفية.) اطلب من الله أن يضع قوّته خلف جهودك. على سبيل المثال، إن كان الزوج يسلك مسلكاً خاطئاً، يجب أن تصلي الزوجة:

"يا رب، ساعدني كي أساعد زوجي. ابعد عن قلبي كل ملوثات الغيرة والاستياء. إنني أصلي فقط كي يدرك خطأه ويتغيّر. يا رب، كن معي وباركني كي أؤدي دوري وأقوم بواجبي". إن كان تناغمك مع الله عميقاً ستجد أن ذلك الشخص قد تغيّر.

❖ ❖ ❖

من السهل أن ترد الضربة [بمثلها]، ولكن تقديم المحبة هو أعظم طريقة لمحاولة تجريد مضطهدك من سلاحه. وحتى إن لم تنجح الطريقة وقتذاك، لن يستطيع أن ينسى أنه عندما صفعك أعطيته المحبة في المقابل. تلك المحبة يجب أن تكون صادقة. عندما تصدر المحبة من القلب يكون لها مفعول السحر. يجب أن لا تنظر إلى النتائج؟ لا تلقِ بالاً حتى ولو رُفضت محبتك. امنح المحبة وانسَ. لا تتوقع شيئاً، وعندها سترى النتيجة الباهرة.

❖ ❖ ❖

التسامح

إن إله بعض الأسفار الدينية هو إله منتقم، ودائماً على استعداد لأن يعاقبنا. لكن السيد المسيح أرانا الطبيعة الحقيقية لله... فهو لم يدمّر أعداءه بـ "اثني عشر جيشاً من الملائكة[٣]".

٣ "أتظن أني لا أستطيع الآن أن أطلب إلى أبي فيقدم لي أكثر من اثني عشر جيشا من الملائكة" (متى٢٦: ٥٣).

بل بدلاً من ذلك تغلّب على الشر بقوة الحب الإلهي. لقد أظهرت أعماله محبة الله الفائقة، مثلما أظهرت سلوك أولئك الذين هم واحد مع الله.

❖ ❖ ❖

تقول المهابهاراتا[٤]: "ينبغي أن يصفح الإنسان مهما كانت الإساءة. فقد قيل إن استمرارية الأنواع هي نتيجة لصفح الإنسان. فالصفح قداسة والصفح يحتفظ بالكون متماسكاً. والصفح هو قوة القوي، والصفح تضحية وسلام للعقل. والصفح والطيبة هما من مزايا من يمتلك نفسه، ويمثلان الفضيلة الأبدية".

❖ ❖ ❖

"حينئذٍ تقدم إليه بطرس وقال له: يا رب، كم مرة يخطئ إليّ أخي وأنا أغفر له؟ هل إلى سبع مرات؟ فقال له يسوع: لا أقول لك إلى سبع مرات، بل إلى سبعين مرة سبع مرات".[٥] لقد صليتُ بحرارة كي أفهم هذه النصيحة القاطعة وقلت محتجاً: "هل هذا ممكن يا رب؟" وأخيراً عندما أجابني الصوت الإلهي بالقول "كم من المرات أصفح عن كل واحد منكم يومياً أيها الإنسان" أحسست بأن الإجابة جلبت معها فيضاً من النور يبعث على التواضع.

---

٤ إحدى ملاحم الأسفار الهندية المقدسة العظيمة، والتي تعد البهاغافاد غيتا جزءاً منها.

٥ متى ١٨: ٢١–٢٢.

❖ ❖ ❖

يجب أن ينبثق من قلبك ينبوع من المواساة لتلطيف وتخفيف كل الآلام التي يشعر بها الآخرون في قلوبهم. تلك المواساة التي مكّنت السيد المسيح من القول: "يا أبتاه اغفر لهم لأنهم لا يعلمون ماذا يفعلون".[٦] لقد شملتْ محبته العظيمة الجميع. كان باستطاعته تدمير أعدائه بنظرة واحدة، مع ذلك، ومثلما يسامحنا الله مع أنه يعرف كل أفكارنا الشريرة، هكذا تمنحنا النفوس العظيمة المتناغمة معه نفس تلك المحبة.

❖ ❖ ❖

إن رغبتَ في تنمية وعي المسيح،[٧] تعلّم كيف تكون متعاطفاً. عندما تحس في قلبك بشعور صادق تجاه الآخرين، تبدأ بإظهار ذلك الوعي العظيم... قال السيد كريشنا: "إنه يوغي فائق ذاك الذي ينظر نظرة متساوية إلى جميع الناس".[٨]

❖ ❖ ❖

الغضب والكراهية لا يحققان شيئاً. المحبة تكافئ. قد تتغلب على أحدهم، ولكن عندما ينهض ثانية سيحاول تدميرك. فكيف تكون قد تغلبتَ عليه؟ لم تحقق ذلك. الطريقة الوحيدة للتغلب عليه

٦ لوقا ٢٣:٣٤.
٧ الوعي العالمي. التوحد مع وجود الله الكلي. راجع المسرد.

٨ بهاغافاد غيتا ٦:٩.

هي بالمحبة. وعندما تكون غير قادر على التغلب [بسبب عدم تقبّله للمحبة]، التزم الصمت وابتعد عن المكان وصلِّ من أجل ذلك الشخص. على هذا النحو يجب أن تحب. إن طبّقت هذا في حياتك، ستحصل على السلام الذي يفوق الفهم.

———————————————

توكيد

سأحاول أن أرضي الجميع بالأفعال اللطيفة
والمراعية لمشاعر الآخرين، وسأحرص دوماً
على إزالة أي سوء فهم أو عدم تفاهم تسببتُ به عن
قصد أو غير قصد.

◊ ◊ ◊

اليوم أسامح كل الذين أساؤوا إليّ، وأمنح محبتي
لكل القلوب العطشى، للذين يحبونني وللذين لا
يحبونني.

الفصل ١٢

الحب غير المشروط: تحسين العلاقات البشرية وجعلها مثالية

لقد نسي العالم ككل المعنى الحقيقي لكلمة الحب. لقد استغلَّ الانسان الحب كثيراً وصلّبه بحيث لم يعد يعرف المعنى الحقيقي للحب سوى قلة قليلة من البشر. مثلما يوجد الزيت في كل جزء من حبة الزيتون، هكذا يتخلل الحب كل جزء من الخليقة. ولكن من الصعب جداً تعريف الحب، لنفس سبب عدم القدرة على وصف طعم البرتقالة وصفاً كاملاً ودقيقاً. يجب أن تتذوق الفاكهة حتى تعرف طعمها. وهذا ينطبق أيضاً على الحب.

❖ ❖ ❖

في المعنى العام، الحب هو قوة الجذب الإلهي في الخليقة التي تعمل على المناغمة، والتوحيد، والتماسك... الذين يعيشون في توافق مع قوة الحب الجاذبة يحققون الانسجام مع الطبيعة ومع إخوانهم البشر، وينجذبون إلى التوحد المغبوط مع الله.

❖ ❖ ❖

[قال سري يوكتسوار]: "الحب العادي أناني بطبيعته ومتصل بالرغبات والمشتهيات المظلمة. أما الحب الإلهي فلا حدود له ولا قيود عليه، ولا يتغيّر أبداً. والأهواء المتقلبة للقلب البشري تتلاشى للأبد باللمسة الراسخة للحب النقي".

❖ ❖ ❖

كثير من الناس يقولون اليوم "أحبك" وفي اليوم التالي يرفضونك. هذا ليس حباً. إن الذي يطفح قلبه بحب الله لا يمكن أن يتعمّد إلحاق الأذى بأي شخص. عندما تحب الله دون تحفظ، يملأ قلبك بحبه غير المشروط للجميع. ذلك الحب لا يمكن للغة البشر أن تصفه... الشخص العادي غير قادر على محبة الآخرين بهذه الطريقة. ولأنه متقوقع داخل وعي الـ "أنا" و "لي" و "خاصتي"، فإنه لم يكتشف بعد الله الكلي الوجود الذي يسكن في داخله وداخل كل المخلوقات الأخرى. بالنسبة لي، لا يوجد فرق بين شخص وآخر. إنني أبصر الجميع كنفوس وانعكاسات للإله الواحد. لا يمكنني أن أعتبر أحداً غريباً، لأنني أعلم بأننا كلنا جزء من الروح الكوني الأوحد. عندما تدرك المعنى الحقيقي للدين، والذي هو معرفة الله، ستدرك بأن الله هو ذاتك، وأنه موجود بالتساوي ودون تحيّز في كل الكائنات. عندئذٍ ستتمكن من محبة الجميع كذاتك[1].

١ "تحب الرب إلهك من كل قلبك ومن كل نفسك ومن كل قدرتك ومن كل فكرك وقريبك مثل نفسك". (لوقا ١٠:٢٧).

٭ ٭ ٭

في وعي الشخص المستغرق في حب الله، لا يوجد تدليس ولا احتيال، ولا وعي ضيّق بسبب الطبقة والمعتقد، ولا قيود من أي نوع. عندما تختبر ذلك الحب الإلهي، لن ترى فرقاً بين زهرة وحيوان، أو بين إنسان وآخر. ستتناغم مع كل الطبيعة وستحب كل البشر بالتساوي.

٭ ٭ ٭

التعاطف مع كل الكائنات ضروري من أجل المعرفة الإلهية، لأن الله نفسه يطفح بهذه الميزة. ذوو القلوب الرقيقة يمكنهم أن يضعوا أنفسهم موضع الآخرين، يشعرون بمعاناتهم، ويحاولون تخفيفها.[٢]

٭ ٭ ٭

تحقيق التوازن بين الصفات الأنثوية والذكورية

يبدو أن هناك دائماً منافسة بين الرجل والمرأة. ولكنهما متساويان، ولا يتفوق أحدهما على الآخر. كن فخوراً بما أنت عليه في هذه الحياة.

---

٢ لقد علّم السيد كريشنا: "اليوغي المثالي هو الذي يشعر بشعور الآخرين، سواء في الحزن أو السرور، تماماً مثلما يشعر تجاه نفسه". (بهاغافاد غيتا ٦:٣٢).

✵ ✵ ✵

[قال سري يوكتسوار]: "أثناء النوم لا تعرف إن كنت رجلاً
أو امرأة. وكما أن الرجل الذي ينتحل شخصية امرأة لا يصبح
امرأة، هكذا النفس التي تتخذ شكل رجل أو امرأة لا جنس لها
لأنها صورة الله النقية التي لا تتغير أبداً".

✵ ✵ ✵

لا تسمح لنفسك بأن تظل محصورة ضمن الشعور بأنك
رجل أو امرأة: أنت نفس مخلوقة على صورة الله... والنهج
الأكثر حكمة هو أن تتذكر دوماً: "أنا لست رجلاً ولا امرأة.
أنا روح". حينئذٍ ستتخلص من الوعي المحدود لكلا النزعتين.
وستدرك أسمى ما لديك من إمكانات مقدسة، سواء كنت متجسداً
كرجل أو امرأة.

✵ ✵ ✵

الله هو حكمة غير متناهية وشعور غير محدود. وعندما
تجلّى في الخليقة، أعطى لحكمته مَظهراً في الأب، وأعطى
لشعوره مَظهراً في الأم... كل أب موهوب وكل أم موهوبة أصلاً
بحكمة الله في الآباء ورأفة الله وحنانه في الأمهات. وعليهما
تنمية تلك الموهبة... الإنسان الروحاني ينمّي كلاً من مزايا الأبوة
والأمومة في ذاته على حد سواء.

✵ ✵ ✵

الرجل يجادل أن المرأة عاطفية ولا يمكن أن تستمع لصوت

العقل؛ والمرأة تشكو من أن الرجل لا يمكن أن يشعر. كلاهما على خطأ. فالمرأة يمكنها الاستماع لصوت العقل، مع أن الشعور هو المتفوق في طبيعتها؛ والرجل يمكنه أن يشعر، بالرغم من أن العقل فيه هو المهيمن.

* * *

لقد خلق الله هذه الفوارق الفسيولوجية والعقلية لإحداث بعض التباين بين الرجل والمرأة. والاتحاد الروحي المثالي بينهما يعني إظهار الشعور المستتر في الرجل وتنمية العقل المحتجب في المرأة. والهدف من ذلك هو أن يساعد أحدهما الآخر على تنمية المزايا المقدسة النقية لكل من العقل والشعور المثاليين.

* * *

يجب أن يسعى كل نوع إلى إحداث توازن بالتعلّم أحدهما من الآخر عن طريق الصداقة والتفاهم.

* * *

ما لم يتفهم الرجل والمرأة طبيعة أحدهما الآخر، سيعذبان بعضهما البعض بدافع الجهل... يجب أن يسعى كل منهما لتحقيق توازن داخلي للعقل والشعور معاً، وبذلك يصبحان شخصية "كاملة"، وكائناً بشرياً مكتملاً.

* * *

بالتناغم مع الله يمكنك إحداث انسجام أو توازن بين هاتين الصفتين داخل نفسك.

* * *

في القديسين العظماء نرى اندماجاً للصفات الذكورية والأنثوية على نحو مثالي. هكذا كان السيد المسيح وكذلك جميع المعلمين. عندما تحقق ذلك التوازن التام بين العقل والشعور، تكون قد تعلّمت واحداً من الدروس الرئيسية التي أُرسلتَ من أجلها إلى هنا.

❖ ❖ ❖

يجب أن يدرك البشر أن الطبيعة الجوهرية للنفس هي روحية. عندما ينظر الرجل والمرأة إلى بعضهما كأداة لإشباع الغريزة الجنسية فإنهما يعملان على تدمير السعادة، وشيئاً فشيئاً ستغادرهما الطمأنينة وراحة البال.

❖ ❖ ❖

يجب أن يحاول الرجل رؤية الله في المرأة، وأن يساعدها على إدراك طبيعتها الروحية. ويجب أن يجعلها تشعر بأنها معه ليس لمجرد إشباع شهواته الحسية، بل كشريكة له، يحترمها ويقدّرها كمظهرٍ من مظاهر الألوهية. وينبغي للمرأة أن تنظر للرجل بنفس الكيفية.

❖ ❖ ❖

عندما يحب الرجل والمرأة بعضهما محبة حقيقية ونقية، يكون هناك توافق تام بينهما في الجسم والعقل والنفس. وعندما يعبّران عن حبهما بأسمى صورة، ينتج عن ذلك وحدة مثالية بينهما.

❖ ❖ ❖

الزواج

إن الشخصين اللذين يوحدان حياتهما كي يساعد أحدهما الآخر من أجل المعرفة المقدسة يؤسسان قرانهما على الركيزة الصحيحة: الصداقة غير المشروطة.

◆ ◆ ◆

إن تنمية الحب النقي وغير المشروط بين الزوج والزوجة، والأبوين والطفل، والصديق وصديقه، والذات وكل الناس، هو الدرس الذي أتينا إلى الأرض كي نتعلمه.

◆ ◆ ◆

الزواج الحقيقي هو مختبر حيث يتم صب سموم الأنانية، والمزاج السيء، والتصرفات غير اللائقة، في أنبوب اختبار الصبر وإبطال مفعولها بالقوة التحفيزية للمحبة وبذل الجهد المتواصل للتصرف بنبل وكرامة.

◆ ◆ ◆

إن كانت هناك عادة أو صفة في شريك حياتك توقظ فيك طباعاً غير محببة، يجب أن تدرك الغرض من هذه الحالة: إظهار تلك السموم الخفية الكامنة في داخلك لعلك تتخلص منها وبذلك تنظف نفسك وتنقيها من الشوائب.

◆ ◆ ◆

إن أعظم ما يمكن للزوج أو الزوجة أن يتمناه لشريك الحياة

هو الروحانية؛ لأن تفتّح النفس يُبرز المزايا المقدسة، والفهم، والصبر، ومراعاة المشاعر، والمحبة. ولكن على كل منهما أن يتذكر بأن الرغبة في النمو الروحي لا يمكن فرضها على الآخر. عش الحب في داخلك وستُلهم طيبة قلبك كل أحبتك.

❖ ❖ ❖

ما لم يحتفظ المتزوجون في أذهانهم بالغرض السامي من الزواج، فقد لا يستمتعون أبداً بحياة سعيدة معاً. الإفراط في الجنس، والألفة الزائدة، والافتقار للكياسة، والشكوك، والكلام التحقيري أو التصرفات المهينة، والمشاجرة والخصام أمام الأطفال أو الضيوف، والطباع الحادة، والغضب أو رمي المتاعب والمشاكل على شريك الحياة، كل هذه يجب عدم السماح بها فيما إذا كان الهدف من الزواج أن يكون مثالياً.

❖ ❖ ❖

إن أُولى وأهم متطلبات الزواج السعيد هي الألفة الروحية ــ المُثل والأهداف الروحية المتماثلة، التي يتم تطبيقها بالاستعداد العملي لتحقيق تلك الأهداف بالدراسة، وبذل المجهود، والانضباط الذاتي. الأزواج الذين ينعمون بالألفة الروحية سيتمكنون من جعل زواجهم ناجحاً حتى في غياب أسس أخرى مستحبة.

المطلب الثاني للزواج السعيد هو تشابه الاهتمامـات ــ العقلية، والاجتماعية، والبيئية، وما إلى ذلك.

والمطلب الثالث والأخير من حيث الأهمية (مع أنه عادة ما يمنحه غير المستنيرين المكان الأول)، هو الانجذاب الجسدي.

ذلك التماسك لا يلبث أن يفقد قوته الجاذبة في غياب المطلب الأول، أو المطلبين الأول والثاني.

❖ ❖ ❖

يجب على الراغبين في الزواج أن يتعلموا أولاً التحكم بعواطفهم[٣] والسيطرة على انفعالاتهم. عندما يُوضع شخصان في حلبة الزواج دون حصولهم على مثل هذا التدريب سيتقاتلان على نحو أسوأ من قتال الأعداء في حرب عالمية. الحروب على الأقل تنتهي بعد فترة زمنية، في حين يتخاصم ويتقاتل بعض شركاء الزواج طوال الحياة. قد تظن أنه يجب على الناس، في مجتمع متحضر، أن يعرفوا كيف يعيشون بتوافق وانسجام مع بعضهم. لكن قلائل هم الذين تعلموا هذا الفن. يجب أن يتغذى الزواج ويزدهر على المبادئ السامية وعلى القرب من الله الذي ينعش النفس ويبعث على الإلهام، وعندئذٍ سيكون اتحاداً سعيداً وذا فائدة متبادلة.

❖ ❖ ❖

لو أن الأزواج والزوجات المتعودين على استخدام أحدهم الآخر للتدرّب على الرماية – باستخدام رصاص الكلام الساخط، والفظاظة، والاحتقار – حاولوا بدلاً من ذلك تسلية ومؤانسة بعضهم البعض بالكلام العذب الذي يرطب القلوب ويهدّئ المشاعر، لتمكنوا إذ ذاك من خلق سعادة جديدة في الحياة العائلية.

❖ ❖ ❖

٣ راجع الصفحة ١٧٦، حاشية.

للجنس مكان في العلاقة الزوجية بين الرجل والمرأة. ولكن إن أصبح الجنس العامل الحاسم في تلك العلاقة، يهرب الحب من الباب ويختفي كلياً؛ ويحل مكانه حب التملك، والألفة المفرطة، واستغلال المودة والتفاهم وبالتالي فقدانهما. ومع أن الجذب الجنسي هو أحد الشروط التي بموجبها يتولد الحب، إلّا أن الجنس نفسه ليس حباً. الجنس والحب بعيدان عن بعضهما بعد الشمس عن القمر. إنه فقط عندما تحتل النوعية الراقية للحب الحقيقي المقام الأول في العلاقة يصبح الجنس وسيلة للإعراب عن الحب. إن الذين يعيشون أكثر مما ينبغي على مستوى الجنس يضلون طريقهم ويفشلون في العثور على علاقة زوجية تتسم بالاكتفاء والرضا. إنه من خلال ضبط النفس، حيث لا يكون الجنس العاطفة المهيمنة بل يأتي كنتيجة عرَضية للحب، يمكن للزوج والزوجة أن يعرفا ماهية الحب الحقيقي. لكن مما يؤسف له في هذا العالم العصري، غالباً ما يُدمَّر الحب بسبب التشديد الزائد على ممارسة الجنس.

٭ ٭ ٭

إن الذين يمارسون الاعتدال الطبيعي – وليس القسري – في حياتهم الجنسية يُنمّون مزايا أخرى ثابتة ودائمة ضمن العلاقة بين الزوج والزوجة، مثل الصداقة والعِشرة الطيبة والتفاهم

والحب المتبادل. على سبيل المثال، مدام آماليتا غالي-كورشي[٤] وزوجها هومير صموئيل، هما أعظم عاشقين قابلتهما في الغرب. فحبهما جميل لأنهما يطبقان هذه المُثل التي أتحدث عنها. فعندما يفترقان ولو لفترة قصيرة، يتشوقان بفارغ الصبر لرؤية أحدهما الآخر وليكونان معاً مرة أخرى، ويتشاركان في أفكارهما وحبهما.

❖ ❖ ❖

كل واحد يحتاج إلى فترة كي يختلي بها بنفسه ليتمكن من التعامل مع ضغوط الحياة المتزايدة... ويجب [على الزوجين] عدم التعدي على خصوصية واستقلالية أحدهما الآخر.

❖ ❖ ❖

عندما يخدم الزوج زوجته وتقوم هي بخدمته، وتكون رغبة كل منهما إسعاد الآخر، يكون وعي المسيح الذي هو عقل الله الكوني المفعم بالحب والحنان، والذي يتخلل كل ذرات الخليقة، قد بدأ بإظهار ذاته من خلال وعيهما.

❖ ❖ ❖

عندما يشعر شخصان [رجل وامرأة] بانجذاب غير مشروط

٤ مغنية الأوبرا ذات الشهرة العالمية (١٨٨٩-١٩٦٣) والتي قابلت برمهنسا يوغانندا خلال سنيه المبكرة في الولايات المتحدة. أصبحت مع زوجها عضوين مخلصين في Self-Realization Fellowship. وقد وضعت مدام غالي- كورشي مقدمة كتاب برمهنسا يوغانندا همسات من الأبدية *Whispers from Eternity*.

أحدهما نحو الآخر، ويكون كل واحد على استعداد للتضحية من أجل الآخر، يكونان في علاقة حب حقيقي.

❖ ❖ ❖

إن تمنّي الحالة المثلى للحبيب، والشعور بفرح نقي عند التفكير بتلك النفس، هو حب مقدس، وذلك الحب هو ما يميّز الصداقة الحقيقية.

❖ ❖ ❖

تأمّلا معاً كل صباح، وخاصة في الليل... ليكن لديكما مذبح عائلي صغير حيث يجتمع الزوج والزوجة والأولاد معاً لتقديم الحب والإخلاص لله ولتوحيد أنفسهم للأبد في الوعي الكوني حيث الفرح المتجدد على الدوام...[٥] كلما تأملتم معاً، كلما زاد حبكم لبعضكم البعض وأصبح أكثر عمقاً.

الصداقة

الصداقة هي صوت الله الذي ينادي النفس ويدعوها لتحطيم حواجز الوعي الذاتي المحدود الذي يفصلها عنه وعن كل النفوس الأخرى.

❖ ❖ ❖

الصداقة هي أنقى أشكال الحب الإلهي لأنها تولَد من الخيار

٥ راجع المسرد.

الحر للقلب ولا تُفرض علينا بالفطرة العائلية. الأصدقاء المثاليون لا يفترقون أبداً، ولا يمكن لأي شيء أن يقطع حبل علاقتهم الأخوية.

* * *

كنز الصداقة هو أثمن ما تملكه، لأنه يرافقك إلى ما بعد هذه الحياة. إن جميع الأصدقاء الذين صادقتهم ستلتقي بهم ثانية في بيت الآب السماوي، لأن الحب الحقيقي لا يُفقد أبداً.

* * *

عندما تنشأ صداقة مثالية إما بين قلبين أو ضمن مجموعة من القلوب في علاقة روحية، فإن تلك الصداقة تحسّن كل واحد من أولئك الأصدقاء وتجعلهم مثاليين.

* * *

يوجد مغناطيس في قلبك سيجذب إليك أصدقاءً صادقين. ذلك المغناطيس هو الإيثار والتفكير بالآخرين أولاً. المتحررون من الأنانية هم قلائل جداً. وبالرغم من ذلك يمكن للشخص أن ينمّي عدم الأنانية بكل سهولة فيما إذا تعلّم كيف يفكر بالآخرين أولاً.

* * *

لا يمكنك جذب الأصدقاء الحقيقيين دون إزالة بُقع الأنانية ولطخات الصفات الأخرى غير المرغوب بها من شخصيتك. إن أعظم فن لتكوين الصداقات هو أن تكون روحانياً، نقياً، غير

أناني، وتتصرف تصرفاً رائعاً... كلما تخلصت من شوائبك البشرية وأضفت مزايا روحية إلى حياتك، كلما زاد عدد أصدقائك.

❖ ❖ ❖

تقوم الصداقة على الاهتمام المشترك والفوائد العملية بين الأصدقاء. فالصديق يعمل على تفريج هم صديقه، وقت الضيق، ويواسيه في الأحزان، ويقدم له المشورة عندما تواجهه الصعوبات والمشاكل، والمساعدة المالية في أوقات الحاجة الحقيقية... من يمنح صداقته لشخص آخر عن طيب خاطر يتخلى عن المتع الأنانية أو المصلحة الشخصية من أجل سعادة صديقه، دون الشعور بالخسارة أو التضحية، ودون احتساب التكاليف.

❖ ❖ ❖

مهما كان الاختلاف بينك وبين أصدقائك، يوجد دوماً تفاهم وتواصل بينكم. في تلك العلاقة، وبالرغم من وجهات النظر المختلفة، تشعرون باحترام متبادل فيما بينكم وتثمّنون صداقتكم فوق كل شيء آخر. الصداقة الحقيقية ذات الأسس الراسخة في الله هي الصداقة الوحيدة التي تُكتب لها الديمومة.

❖ ❖ ❖

إن قدّمت صداقتك، فيجب أن تكون تقدمتك عن قناعة. ويجب ألّا تظهر اللطف والتعاون وتبطن غير ذلك في داخلك. القانون الروحي قوي للغاية. لا تعمل ضد المبادئ الروحية. لا تخدع أحداً ولا تغدر به. وبصفتك صديقاً، اعرف متى ينبغي لك

أن تهتم بشؤونك الخاصة ولا تتدخل في شؤون غيرك. واعرف أيضاً متى يتوجب عليك أن تكون متعاوناً طوعاً واختياراً، ومتى تمتلك الإرادة للامتناع عن التعاون.

❖ ❖ ❖

من الخطأ قول الحقيقة إن كان ذلك سيؤدي إلى خيانة شخص آخر دون داعٍ وبدون غرض وجيه. لنفترض أن أحدهم يشرب [الخمر] ويحاول أن يخفي ذلك عن كل الناس، وأنك عرفت بنقطة ضعفه تلك، وباسم الحقيقية قلت لأصدقائك: "تعرفون أن فلاناً يشرب، أليس كذلك؟" إن مثل تلك العبارة لا مبرر لها. يجب أن لا يشغل الإنسان نفسه بأمور الناس التي لا تخصه. كن صائناً لعيوب الآخرين الشخصية وتستر عليها ما دامت لا تتسبب بإيذاء شخص آخر. تكلم على انفراد مع المسيء عن عيوبه، فيما إذا أتيحت لك الفرصة أو كنت مسؤولاً عن مساعدته. ولكن لا تؤذِ شخصاً بكلامك بذريعة تقديم المساعدة له. لأنك إن فعلت فقد تقضي على أي رغبة قد تكون لديه لتحسين حالته.

❖ ❖ ❖

ساعد صديقك من خلال إلهامك له عقلياً، وجمالياً، وروحياً. لا تسخَر أبداً من صديق، ولا تمتدحه ما لم يكن ذلك لتشجيعه. ولا توافق معه إن كان على خطأ.

❖ ❖ ❖

كن صادقاً، كن مخلصاً، وستنمو الصداقة بشكل مضطرد. لا

زلت أذكر نقاشاً دار بين سري يوكتسوار وبيني حول الإخلاص. قلت ذات مرة: "الإخلاص هو كل شيء". فأجاب: "لا، الإخلاص مع مراعاة مشاعر الآخرين هما كل شيء". واستطرد قائلاً: "على افتراض أنك جالس في غرفة الاستقبال في بيتك، وعلى الأرض سجادة جميلة. المطر ينهمر في الخارج. وفجأة يأتي صديق لم تكن قد رأيته منذ سنوات، يفتح الباب ويدخل مسرعاً إلى الغرفة للسلام عليك". قلت: "لا بأس في ذلك".

لكن معلمي أراد توضيح وجهة نظره، فقال: "لقد كنتما سعيدين حقاً برؤية أحدكما الآخر. ولكن ألا تحبذ لو أنه امتلك ما يكفي من مراعاة المشاعر وخلع حذاءه قبل أن يدخل إلى الغرفة ويتلف السجادة؟"

وكان عليّ أن أتفق معه.

مهما أحسنتَ الظن بأحدهم، أو مهما كنت قريباً من ذلك الشخص، من المهم تحلية تلك العلاقة بالأدب واللباقة ومراعاة المشاعر. عندئذٍ تصبح الصداقة رائعة حقاً ودائمة. إن الألفة الزائدة التي تجعلك متهوراً وغير مُبالٍ هي ضارة جداً بالصداقة.

❖ ❖ ❖

مثلما يساعد الندى الزهرة على النمو، هكذا تساعد العذوبة الداخلية والخارجية على نمو الصداقة.

❖ ❖ ❖

الصداقة سامية، مثمرة، ومقدسة – حيث يسير شخصان مستقلان، بوجهات نظر مختلفة ومع ذلك بوئام وانسجام؛ يتفقان

ويختلفان، يتقدمان ويتألقان بالرغم من التباين والاختلاف...

❖ ❖ ❖

أيتها الصداقة ― يا نبتة السماء المتفتحة المزهرة! جذورك تنمو وتتغذى في تربة المحبة التي لا حد لها... إذ يسعى اثنان لتحقيق التقدم الروحي معاً ويعملان على تمهيد الطريق وتسهيل الأمور أحدهما للآخر.[٦]

❖ ❖ ❖

لكي تكون صديقاً حقيقياً وتكون صداقتك غير مشروطة، يجب أن يكون حبك راسخاً في الحب الإلهي. إن حياتك مع الله هي الإلهام خلف صداقتك الحقيقية المقدسة مع الجميع.

❖ ❖ ❖

حاول أن تحسّن صداقتك وتجعلها مثالية مع عدد قليل من الأشخاص. وعندما تتمكن حقاً من منح صداقتك غير المشروطة لهم، سيكون قلبك آنذاك مستعداً لمنح الصداقة المثالية للجميع. وعندما يمكنك القيام بذلك، تصبح ذا طبيعة مقدسة ― كالطبيعة الإلهية وطبيعة العظماء الذين يمنحون صداقتهم لكل الناس، بغض النظر عن الخصال الشخصية. الصداقة التي تظل محصورة فقط ضمن شخص أو اثنين، باستثناء الجميع، تشبه النهر الذي يفقد ذاته في الرمال دون

٦ من قصيدة "الصداقة Friendship" في كتاب برمهنسا يوغاننداأناشيد الروح Songs of the Soul.

أن يصل أبداً إلى المحيط. أما نهر الصداقة المقدسة فيتوسع أثناء تدفق جريانه القوي والأكيد إلى الأمام، ليمتزج أخيراً في أوقيانوس الحضور الإلهي.

———————————————————

توكيد

عندما أبعث بإشعاعات المحبة ونوايا الخير إلى الآخرين، سأفتح القناة التي منها تنساب إليَّ محبة الله. الحب الإلهي هو المغناطيس الذي يجذب لي كل الخير.

الفصل ١٣

فهْم الموت

مع أن الشخص العادي ينظر إلى الموت بخوف وحزن، لكن الذين ارتحلوا قبلنا يعرفون بأنه اختبار رائع من السلام والحرية.

❖ ❖ ❖

ربما نتساءل أكثر من أي شيء آخر عن أولئك الذين نحبهم. أين هم؟ ولماذا اختُطفوا منا؟ كان الوداع قصيراً، ثم اختفوا خلف ستارة الموت. نشعر بالعجز التام ونشعر بالحزن؛ ولا يمكننا أن نفعل أي شيء حيال ذلك... عندما يتوفى الشخص، ومع أنه لا يستطيع الكلام، تعتمل في وعيه رغبة، ويفكر: "إنني أفارق أحبتي، ولن أراهم ثانية". والذين يتركهم وراءه يفكر بعضهم أيضاً: "إنني أفقده. هل سيتذكرني؟ وهل سنلتقي ثانية؟"... عندما فقدتُ أمي في هذه الحياة، وعَدتُ نفسي بأنني لن أتعلقَ ثانية

بأي إنسان[١]، ومنحتُ حبي لله. ذلك الاختبار الأول مع الموت كان خطيراً بالنسبة لي. ولكنني تعلمت الكثير من خلاله. فعلى مدى شهور وسنين بحثت دون خوف أو تثبيط حتى عثرت على الجواب لسر الحياة والموت... وما أخبركم به قد اختبرته بنفسي.

❖ ❖ ❖

عندما تحدث الوفاة، تنسى كل قيود الجسد المادي وتشعر بقدر كبير من الحرية. في الثواني القليلة الأولى يكون هناك شعور بالخوف – خوف من المجهول، من شيء غير مألوف لوعيك. ولكن بعد ذلك يأتي إدراك عظيم: تشعر الروح بإحساس بهيج من الارتياح والحرية. وتعرف أنك موجود وتحيا بمعزل عن الجسد البشري.

❖ ❖ ❖

كل واحد منا سيموت يوماً ما، ولذلك لا جدوى من الخوف من الموت. إنك لا تشعر بالقلق من احتمال فقدان وعيك بالجسد أثناء النوم، بل تتقبل النوم وتتطلع إليه كحالة من الحرية. وهذا ينطبق أيضاً على الموت. إنه حالة من الراحة، وتقاعد من هذه الحياة. لا يوجد ما يدعو للخوف. عندما يحضر الموت اسخر منه.

١ كان برمهنسا يوغانندا في الحادية عشرة من عمره عندما توفيت والدته. وقد قرع بوابات السماء بعزيمته الروحية الفتية إلى أن حصل على استجابة من الله مع الإدراك بأن حب الله يظهر لنا من خلال كل صور وأشكال أحبتنا. لأن نحب الله يعني أن نحب الجميع دون استثناء ودون الشعور بالألم الحتمي نتيجة للتعلق والارتباط. (ملاحظة الناشر)

الموت هو مجرد اختبار يُتوقع منك أن تتعلم منه درساً عظيماً وهو أنه لا يمكنك أن تموت.

..*

إن ذاتنا الحقيقية، الروح، هي أبدية خالدة. قد نرقد لفترة قصيرة في ذلك التغيير الذي يُدعى الموت، لكن مستحيل أن نفنى. إننا موجودون وذلك الوجود هو سرمدي لا نهاية له. الموجة تأتي إلى الشاطئ ثم تعود ثانية إلى البحر دون أن تُفقد. إنها تصبح واحدة مع المحيط، أو تعود ثانية على شكل موجة أخرى٢. لقد أتى الجسم إلى الوجود وسيزول لكن جوهر النفس الذي داخل الجسم لن ينعدم وجوده أبداً. ولا شيء يمكن أن يضع نهاية لذلك الوعي الأبدي.

..*

لا شيء قابل للفناء، ولا حتى جسيم صغير من المادة أو موجة من الطاقة. كما أن الروح أو الجوهر الروحي للإنسان غير قابل للتدمير. المادة تخضع للتغيير، أما الروح فتمر بتجارب متغيرة. التغييرات الجذرية تُدعى موتاً، لكن الموت أو التغيير في الشكل لا يغير أو يدمّر الجوهر الروحي.

..*

٢ إشارة إلى العودة إلى التجسد. راجع المسرد.

الجسم هو مجرد رداء لا غير. كم مرة قمت بتغيير ثيابك في هذه الحياة؟ ومع ذلك لا يمكنك القول أنك أنت قد تغيرت بسبب ذلك. وبالمثل، عندما تخلع هذا الثوب الجسدي في الموت لا تتغير، بل تبقى تماماً كما أنت، نفساً خالدة، ابناً لله.

إن كلمة "الموت" هي تسمية مغلوطة، لأنه لا يوجد موت. عندما تتعب من الحياة، تخلع عنك المعطف الجسدي وتذهب إلى العالم الكوكبي.[٣]

❖ ❖ ❖

البهاغافاد غيتا[٤] تتحدث عن خلود النفس بعبارات جميلة تحمل السلوى والعزاء:

الروح لم تولد أبداً، ولن ينعدم وجودها بأي حال؛
ولم يكن هناك زمن لم تكن فيه موجودة،
فالبداية هي حلم بالنسبة لها، وكذلك النهاية!
الروح تبقى أبد الدهر عديمة الولادة والموت، لا يمسها التغيير؛
ولم تخضع إطلاقاً للموت، مع أن مسكنها [الجسدي] يبدو مفارقاً للحياة.

٣ الجنة، المنطقة الشفافة للقوى العليا والوعي السامي. راجع العالم الكوكبي في المسرد.

٤ ٢:٢٠، ترجمة السير أدوين آرنولد [من السنسكريتية إلى الإنكليزية].

❖ ❖ ❖

الموت ليس النهاية: إنه تحرّر مؤقت، يُمنح لك عندما تقرر الكارما، قانون العدل، أن جسدك وبيئتك الحاليين قد حققا الغرض من وجودهما، أو عندما تصبح منهكاً أو مهدود القوى ولم تعد قادراً على حمل عبء الوجود المادي لفترة أطول. الموت بالنسبة للمتألمين هو ابتعاث من الآلام الجسدية المبرحة إلى إحساس بالسلام والراحة. وبالنسبة لكبار السن، هو إحالة مستحقة إلى التقاعد بعد سنين من الكفاح والنضال أثناء الحياة. وللجميع هو استراحة مرحّب بها.

❖ ❖ ❖

عندما تفكر أن هذا العالم مليء بالموت، وأنك ستتخلى أيضاً عن جسدك، تبدو الخطة الإلهية قاسية للغاية، ولا يمكنك أن تتصور بأن الله عطوف رحيم. ولكن عندما تنظر بعين الحكمة إلى عملية الموت تدرك في النهاية أنها مجرد فكرة إلهية حيث تمر [النفس] عبر كابوس التغيير إلى الحرية والنعيم في الله من جديد. القديسون والخاطئون يُمنحون، على حد سواء وبدرجة أكبر أو أقل حسب الاستحقاق، حرية في الموت. في العالم الكوكبي الذي هو حلم إلهي – ذلك العالم الذي تذهب إليه الأرواح وقت الوفاة – يتمتع الراحلون بحرية لم يعرفونها أبداً أثناء وجودهم الأرضي. لذلك لا تتحسر على الشخص الذي يمر عبر الموت الوهمي لأنه سيتحرر عما قريب. وحالما يتخلص من ذلك الوهم، يجد أخيراً أن الموت لم يكن سيئاً، ويدرك أن موته

كان مجرد حلم ويبتهج لأن النار لا يمكنها أن تحرقه، ولا يمكن للماء أن يغرقه، ولأنه متحرر وآمن.[٥]

❖ ❖ ❖

إن وعي الشخص المحتضر يجد فجأة أنه قد ارتاح من وزن الجسد، ومن ضرورة التنفس، وأي ألم جسدي. وتختبر النفس إحساساً من الانطلاق عبر نفق من النور الغامض مع شعور بسلام عميق. ثم تدخل حالة من النوم الهادئ المريح، وهو نوم أعمق وأكثر متعة بمليون مرة من النوم العميق الذي يختبره الشخص في الجسد المادي... إن حالة ما بعد الموت يختبرها الناس على اختلافهم بطرق مختلفة وفقاً لأنماط عيشهم أثناء وجودهم على الأرض. وكما يختلف الناس في مدة وعمق نومهم، هكذا تختلف اختباراتهم بعد الموت. الإنسان الطيّب الذي عمل بجد واجتهاد في مصنع الحياة يهجع في نومٍ غير واعٍ عميق ومريح لفترة وجيزة. بعد ذلك يستيقظ في إحدى مناطق الحياة في العالم الكوكبي: "في بيت أبي منازل كثيرة".[٦]

❖ ❖ ❖

٥ "ما من سلاح يستطيع أن يخترق النفس. لا يمكن للنار أن تحرقها. ولا يمكن للماء أن يبللها؛ ولا لأي ريح أن تجففها... النفس ثابتة لا تتغير، تتخلل كل شيء، إنها هادئة وراسخة – وهي كذلك إلى الأبد. ويقال إن النفس غير قابلة للقياس، وغير ظاهرة للعيان، وممتنعة التغيير. وبالتالي، عندما تعرف أنها كذلك، لا ينبغي لك أن تتحسر وتتفجع." (بهاغافاد غيتا ٢: ٢٣-٢٥).

٦ يوحنا ١٤:٢.

أبدى أحد التلاميذ الملاحظة التالية: "لم أتمكن قط من الاعتقاد بوجود الجنة. فهل هناك حقاً مكان كهذا؟" فأجاب برمهنسا يوغانندا: "نعم. فالذين يحبون الله ويثقون به يذهبون إلى ذلك الفردوس عندما توافيهم المنية. في ذلك العالم الكوكبي يمتلك الشخص القدرة على تجسيد أي شيء يريده على الفور بمجرد التفكير به. الجسم الكوكبي مركّب من النور المشع. وفي تلك الأقطار توجد أصوات وأنوار لا يعرف سكان الأرض عنها شيئاً. إنه عالمٌ جميل وممتع".

❖ ❖ ❖

[الموت] ليس نهاية الأشياء، بل هو تحوّل من الاختبارات المادية في المجال الكثيف للمادة المتغيرة إلى مباهج ومسرات أنقى في المنطقة الكوكبية ذات الأنوار المتعددة الألوان.

❖ ❖ ❖

[قال سري يوكتسوار]: "العالم الكوكبي هو غاية في الجمال والنظافة والنقاء والترتيب. ولا توجد أجرام ميتة أو أرض قاحلة. ولا وجود أيضاً للشوائب الأرضية من بكتريا وحشرات وثعابين. وعلى عكس المناخات والفصول الأرضية المتغيرة، تحتفظ العوالم الكوكبية بدرجة حرارة ثابتة لربيع دائم. وبين الحين والآخر ينهمر ثلج أبيض لامع ويتساقط مطر بألوان متعددة. كما تزخر العوالم الكوكبية ببحيرات بلون حجر عين الشمس (الأوبال) وبحار لامعة وأنهار بلون قوس قزح".

❖ ❖ ❖

في العالم الكوكبي ترتدي الأرواح أردية منسوجة من خيوط النور، ولا تغلف أنفسها في صُرر من العظام والأغطية الجسدية [الكثيفة]. إنها لا تحمل هياكل ثقيلة يمكن أن تصطدم مع مواد قاسية وتتكسر. ولذلك، لا يوجد صراع في العالم الكوكبي بين جسم الإنسان والمواد الصلبة، والمحيطات، والبرق، والمرض. ولا توجد هناك حوادث، لأن كل الأشياء تحيا معاً في مساعدة متبادلة بدلاً من التنافر والخصام، ولأن كل أشكال الاهتزازات تعمل بتناغم وانسجام مع بعضها البعض. وكل القوى هناك تعيش بسلام وتعاون مشترك بطريقة واعية. الأرواح، والأشعة التي تسير فوقها، والإشعاعات البرتقالية اللون التي تشربها وتأكلها، كلها مصنوعة من النور الحي. في ذلك العالم تعيش الأرواح بإدراك متبادل وتعاون مشترك فيما بينها، وهي لا تتنفس الأكسجين، بل نعيم ومباهج الروح.

❖ ❖ ❖

[قال سري يوكتسوار]: "أصدقاء الحيوات الأخرى يتعرفون على بعضهم بسهولة في العالم الكوكبي. وإذ يبتهجون بخلود الصداقة فإنهم يدركون استحالة فناء الحب، وهو أمر غالباً ما يبعث على الشكوك وقت الفراق الوهمي المحزن للحياة الأرضية".

❖ ❖ ❖

لماذا نبكي عندما يموت أحباؤنا؟ لأننا نحزن على خسارتنا. إن فارقنا أحبتُنا للتعلم والتدرّب في مدارس أفضل للحياة فعلينا

أن نفرح بدلاً من أن نحزن بدافع الأنانية، لأننا بحزننا يمكن أن نبقيهم مقيدين بالأرض ونعيق تقدمهم من خلال إرسال رغباتنا الأنانية لهم. إن الله متجدد على الدوام، وبواسطة صولجانه السحري اللامتناهي ــ المتمثل في الموت التجديدي ــ يُبقي كل شيء مخلوق وكل كائن حي، دائم التعبير ودائم التجديد ليصبح أداة أكثر ملاءمة لإظهار تعبيراته الإلهية التي لا تنضب أبداً. يأتي الموت للمخلصين في أداء واجباتهم كترقية إلى حالة أعلى. ويأتي للفاشلين ليمنحهم فرصة أخرى في بيئة مختلفة.

❖ ❖ ❖

الموت هو ذروة الحياة. في الموت تطلب الحياة راحة. وهو بشير السعادة العظمى والحرية الباهرة من كل عذابات الجسد. الموت يخلّص النفس تلقائياً من كل الآلام الجسدية، تماماً مثلما يُبعد النوم تعب وأوجاع الجسم الذي أنهكه الإرهاق والإجهاد. والموت هو إطلاق سراحٍ من سجن الجسد المادي.

❖ ❖ ❖

الشخص الجاهل يعتبر الموت حاجزاً يتعذر تخطيه ويحجب على ما يبدو للأبد أصدقاءه الأعزاء. ولكن من لا يتعلق بشيء ويحب الآخرين كمظاهر لله يدرك وقت الموت أنهم قد عادوا إليه ليتنسموا غبطته وينعموا بنعيمه.

❖ ❖ ❖

ما أروع الحياة بعد الموت! لن تضطر عندئذٍ إلى حمل كيس

العظام القديم هذا، بكل ما فيه من مشكلات ومتاعب. ستكون حراً طليقاً في السماء الكوكبية، دون عوائق مادية أو قيود جسدية.

❖ ❖ ❖

كتبتُ ذات مرة عن رؤيا رأيتها تتعلق بشاب محتضر، حيث أراني الله الموقف الصحيح تجاه الموت. كان الشاب يرقد في فراشه وكان أطباؤه قد أخبروه أنه لن يعيش أكثر من يوم واحد. فأجاب: "يوم واحد وسأقابل محبوبي الإلهي عندما يفتح الموت بوابات الخلود وأتحرر من القيود خلف قضبان سجن الألم! لا تبكوا عليَّ، أنتم يا من بقيتم على هذا الشاطئ المقفر الموحش لتحزنوا وتتفجعوا. أنا الذي أتأسّف وأشفق عليكم. إنكم تذرفون عليّ دموعاً قاتمة، وتبكون على خسارتكم لي؛ لكنني أذرف عليكم دموع الفرح، لأنني ذاهب قبلكم ومن أجلكم لأضيء لكم شموع الحكمة على طول الطريق. وسأنتظركم لأرحب بكم في المكان الذي سأكون فيه مع حبيبي وحبيبكم الإلهي الأوحد. فيا أحبتي افرحوا لفرحي وشاركوني بهجتي".[٧]

❖ ❖ ❖

لا تعرف ماذا سيأتي إليك أو يحدث لك في هذا العالم. الذين يفارقوننا بالموت يتأسفون علينا ويدعون لنا بالرحمة والبركة. فلماذا يجب أن تحزن عليهم؟ لقد ذكرتُ هذه القصة [قصة الشاب

٧ يعيد برمهنسا يوغانندا هنا صياغة قصيدته "إجابة الشاب المحتضر المقدسة" من كتابه أناشيد الروح *Songs of the Soul*.

المحتضر] لامرأة كانت قد فقدت ابنها. وعندما انتهيت من شرح مضمون القصة جففت دموعها على الفور وقالت: "لم أشعر من قبل أبداً بمثل هذا السلام. إنني سعيدة لمعرفة أن ابني حر طليق، إذ كنت أفكر بأن شيئاً فظيعاً قد حدث له".

❖ ❖ ❖

عندما يتوفى أحد الأحبة، فبدلاً من التفجع بإفراط، اعلموا أنه ذهب إلى مستوى أعلى وفقاً للإرادة الإلهية، وأن الله يعرف ما هو الأفضل بالنسبة له. افرحوا لأنه تحرر. واسألوا الله بأن يجعل حبكم وأمانيكم الطيبة رسلاً من التشجيع للراحل في طريقه إلى الأمام. هذا الموقف مفيد بدرجة أكبر. من الطبيعي أننا لن نكون بشراً إن لم نفتقد أحبتنا؛ ولكن عندما نحسّ بالوحشة لفراقهم لا نرغب في أن يتسبب تعلُّقنا الأناني بهم بإبقائهم مقيدين بالأرض. الحزن المفرط يعيق تقدم النفس الراحلة وشعورها بسلام أعظم وحرية أكبر.

❖ ❖ ❖

[في مواجهة الموت، هناك نوع صحيح من الحزن، كما عبّر عنه برمهنسا يوغانندا في الحفل التأبيني لشري غياناماتا إحدى أوائل تلاميذه وأكثرهم تقدماً، و التي كان يشير إليها بمودة واحترام بكلمة "أختنا"[٨]]

قال لي أحدهم الليلة الماضية، عندما كانت الدموع تترقرق

٨ راجع الصفحة ٦٨

في عينيّ، أنه يجب أن أكون سعيداً لحرية أختنا وتمتعها بفرح الروح الإلهي، فقلت: "أعرف كل ذلك، وأعرف كم هي أختنا سعيدة، وكيف كانت خاتمة هذا الفصل المجيد من حياتها واختفاء الألم من جسمها... إن روحي مع روحها في الله. لكن هذه دموع المحبة، لأنني سأفتقدها على هذا الجانب من الحياة... ذلك النور الساطع والمتواضع الذي كان ظاهراً بصورة أختنا قد انطفأ أمامي واندمج بالنور الأعظم. وهذا هو رضائي، وهذا هو حزني. وإنني سعيد لأن أحزن، وسعيد لأنها كانت معنا لإلهامنا وجعْل قلوبنا تتطفح بهذا القدر الكبير من المحبة".

❖ ❖ ❖

لكي ترسل أفكارك لأحبتك المتوفين، اجلس بهدوء في غرفتك وتأمل بعمق، مركّزاً انتباهك على الله. وعندما تشعر بسلامه في داخلك، ركّز بعمق على مركز المسيح[٩] – مركز الإرادة في النقطة التي بين الحاجبين – وارسل محبتك لأولئك الأحبة الذين غادروا هذا العالم. تصوّر في مركز المسيح الشخص الذي ترغب في الاتصال به. ابعث اهتزازات محبتك وأمواج العزم والشجاعة لتلك النفس. إن فعلت ذلك بطريقة متواصلة، وإن لم تفقد اهتمامك الكبير بذلك الشخص المحبوب، فإنه بكل تأكيد سيتلقى اهتزازاتك. مثل هذه الأفكار تمنح الحبيب المفارق شعوراً من الراحة وبأن هناك من يحبه. الأحبة المفارقون لم

٩ راجع المسرد.

ينسوك أكثر مما نسيتهم.

❖ ❖ ❖

أرسل أفكار المحبة والأماني الطيبة إلى أحبتك كلما شعرت بالرغبة في القيام بذلك، ولكن مرة واحدة في السنة على الأقل، بمناسبة ذكرى خاصة، قل للشخص الراحل: "يوماً ما سنلتقي ثانية ونستمر في تنمية محبتنا الروحية وصداقتنا مع بعضنا البعض". إن واصلت إرسال أفكارك الطيبة ومودتك لهم الآن، فبالتأكيد ستلتقي بهم ثانية. وستعلم أن هذه الحياة ليست النهاية، بل مجرد حلقة واحدة في سلسلة العلاقة الأبدية مع أحبتك.

—————————————————————

توكيدات

أيتها الأم الإلهية، سواء كنت عائماً على سطح الحياة الحاضرة أو غارقاً تحت أمواج الموت، أظل مسترخياً بهدوء على صدر بحر حياتك الأبدية ذات الحماية والحضور الكلي. إنني محمولٌ على ذراعيكِ الأبديين وأحظى بحمايتهما.

❖ ❖ ❖

سواء كنتُ على هذا الجانب من الأبدية أو على الجانب الآخر منها، سأطير من نجم إلى نجم. أو سواء كنتُ متدفقاً مع أمواج الحياة الجياشة، سأنطلق من ذرّة إلى ذرة – أطير مع الأنوار وأدور مع الكواكب والشموس، أو أرقص مع الحيوات البشرية! أنا أبديٌّ! ولقد أقمتُ نفسي وبعثتها من وعي الموت.

❖ ❖ ❖

إن حياة الله الأبدية تتدفق من خلالي. أنا خالدٌ. وخلفَ موجة عقلي يكمن محيط الوعي الكوني.

الفصل ١٤

كيف تستخدم أفكار الخلود لإيقاظ الذات الحقيقية

[كتبَ برمهنسا يوغانندا:

"إن تناغمتَ مع أفكار الله وطرقتَ مسمار الخداع بمطرقة أفكار الحق الصحيحة المستقيمة، تستطيع التغلب على الخداع. اقضِ على كل الأفكار البالية وتخلص منها باستبدالها بفكرة الخلود."

في هذه المجموعة من أقواله تبرز التوكيدات والمدركات الروحية – "أفكار الخلود" – التي يمكنك استخدامها للحصول على دراية أكبر بالحقيقة الأبدية السعيدة الموجودة في داخلك وفي كل الخليقة.]

أكّد نهاراً وليلاً على طبيعتك الحقيقية

كرر لنفسك دون انقطاع هذه الحقيقة:

"أنا عديم التغيير، أنا المطلق اللانهائي، أنا لستُ كائناً بشرياً صغيراً بعظام تتكسر وجسم قابل للفناء. أنا اللانهائي الخالد، الذي

لا يخضع للتغيير والتبديل".

❖ ❖ ❖

إن ذهب أمير سكران إلى أحياء عشوائية، ونسي بالمرة هويته الحقيقية، وراح يندب حظه التعيس وينوح قائلاً: "آه ما أفقرني!" سيضحك أصدقاؤه ويسخرون منه ويقولون له: "اصحَ من سكرتك وتذكر أنك أمير". لقد كنتَ كذلك في حالة من الهلوسة، معتقداً أنك بشر عاجز لا حول له ولا قوة، تعاني من صعوبات وحالتك مُزرية يُرثى لها. يجب أن تجلس كل يوم بهدوء وتؤكد لنفسك بقناعة عميقة:

"لا ولادة لي ولا موت، ولا طبقة ولا طائفة، ولا أب ولا أم. أنا الروح الكلي المغبوط. أنا السعادة اللامتناهية".

إذا ردّدت هذه الأفكار مراراً وتكراراً، ليلاً ونهاراً فسوف تدرك في النهاية ماهيتك الحقيقية: نفس خالدة.

انزع عنك كل الأفكار المحدودة التي تحجب ذاتك الحقيقية

أليس غريباً أنك لا تعرف من أنت؟ إنك تعرّف عن نفسك بألقاب عديدة تنطبق على جسمك وأدوارك البشرية... ويجب أن تنزع عن نفسك تلك الألقاب.

"إنني أفكر ولكنني لست الفكر. إنني أشعر ولكنني لست الشعور. إنني أريد، لكنني لست الإرادة".

ماذا بقي؟ بقي أنت الذي تعرف بأنك موجود، وأنت الذي

تشعر بأنك موجود – من خلال الإثبات الذي يمنحه الحدس الذي هو معرفة النفس غير المقيَّدة بوجودها.

❖ ❖ ❖

طوال اليوم، تعمل باستمرار من خلال جسدك، ولذلك تحقق ذاتك معه وتصبح مرتبطاً به. ولكن كل ليلة يحررك الله من قيود ذلك الوهم. الليلة الماضية في النوم العميق الخالي من الأحلام، هل كنت رجلاً أو امرأة، أو أمريكياً أو هندياً، أو غنياً أو فقيراً؟ كلّا. كنت روحاً نقية... في الحرية التي تختبرها في الحالة الشبيهة بالوعي السامي أثناء النوم العميق يريحك الله من كل الألقاب البشرية ويجعلك تشعر أنك بمعزل عن الجسم وكل قيوده ومحدودياته – وأنك وعي نقي، تهجع براحة في الفضاء الرحب. وذلك الاتساع المترامي هو ذاتك الحقيقية.

❖ ❖ ❖

ذكّر نفسك بهذه الحقيقة عند استيقاظك كل صباح:

"إنني قادم للتو من الإدراك الداخلي لذاتي. أنا لست الجسد.
أنا غير مرئي. أنا الفرَح. أنا النور. أنا الحكمة. أنا الحب.
إنني أسكن في الجسد الحلمي الذي من خلاله أحلم بهذه الحياة
الأرضية؛ لكنني روح أبدي على الدوام".

اعرف أن ذاتك غير منفصلة عن الله

إن أسمى حكمة هي معرفة الذات — الإدراك بأن الذات أو النفس لا تنفصل أبد الدهر عن الله... الكائن الأوحد الموجود في أعمق أعماق كل ما هو موجود. "يا أرجونا! أنا الذات في قلب كل المخلوقات: أنا بدايتها، وكينونتها، ونهايتها."

إن كل المعلمين العظماء يعلنون بأنه داخل هذا الجسد توجد النفس الخالدة، التي هي شرارة من ذلك الذي يسند ويعيل الجميع. من يعرف ذاته يعرف هذه الحقيقة:
"أنا وراء كل ما هو متناهٍ ومحدود... أنا النجوم، أنا الأمواج، أنا حياة الجميع. أنا الابتسامة في كل القلوب، أنا البسمة على محيا الزهور وفي كل نفس. أنا الحكمة والقوة التي تسند كل الوجود".

فكّر، وأكّد، واعرف طبيعتك الإلهية

يجب التخلّص من الفكرة الخاطئة على مر العصور — بأننا كائنات بشرية ضعيفة واهنة. يجب علينا أن نفكر، وأن نتأمل، ونؤكّد، ونؤمن، وندرك يومياً أننا أبناء الله.

❖ ❖ ❖

قد تقول: "تلك مجرد فكرة لا غير". حسناً، ما هي الفكرة؟ كل ما تراه هو نتيجة لفكرة... الفكر غير المرئي يمنح كل

الأشياء مظهراً ويجعلها حقيقية. لذلك، إن استطعت التحكم بعملية تفكيرك، يمكنك جعل كل شيء مرئياً؛ يمكنك تجسيده بقوة تركيزك العقلي... إن تعلّمت أن تضبط أفكارك وتوجّه عقلك نحو الداخل، بطريقة التأمل العلمية التي يمنحها المعلم الروحي، سوف تتطور روحياً مع الوقت: ستتعمق تأملاتك وستصبح ذاتك التي هي صورة الله ــ الروح التي في داخلك ــ حقيقية بالنسبة لك.

◆ ◆ ◆

"أنا لا نهائي، لا يحدني مكان، ولا يحتويني الزمان. أنا ما وراء الجسد والفكر والنطق. ما وراء العقل والمادة. أنا الغبطة التي لا انتهاء لها!".

رسِّخ الحقيقة الإلهية دوماً في العقل

لا تدع القيود والقصورات البشرية تؤثر على العقل: كالمرض، والشيخوخة، والموت. بدلاً من ذلك أكّد للعقل هذه الحقيقة:

"أنا اللانهائي الذي أصبح الجسد. وكون الجسد أحد مظاهر الروح، فهو سليم دوماً ويتمتع ــ كالروح ــ بشباب دائم".

◆ ◆ ◆

ارفض أن تكون مقيّداً بأفكار الضعف أو العمر. من قال لك إنك كبير في السن؟ لست عجوزاً. أنت الروح، وأنت شاب على الدوام. دع وعيك يتشرب هذه الفكرة:

"أنا الروح، أنا انعكاس للروح الإلهي دائم الشباب. إنني أنبض بالشباب، والطموح، والقدرة على النجاح".

* * *

تناغَم مع القوة الكونية، وسواء كنت تعمل في مصنع، أو تخالط الناس في عالم الأعمال، أكّد لنفسك دوماً:

"في داخلي القوة اللانهائية الخلاقة لن أذهب إلى القبر دون القيام ببعض الإنجازات. إنني إنسان-إله، كائن عاقل. أنا قوة الروح. أنا المصدر الديناميكي لنفسي. سأبتكر تجليات في دنيا الأعمال، في عالم الأفكار، في عالم الحكمة. أنا وأبي السماوي واحد. يمكنني ابتكار كل ما أريده، تماماً مثلما يفعل أبي المبدع الخلّاق."

* * *

إن دروس SRF تعلّمك كيف تتصل بالحياة الكونية... بمحيط طاقة الله الكونية. إن أعظم طريقة هي الاستفادة مباشرة من المصدر الداخلي وليس عن طريق المحفزات الاصطناعية للأدوية، والعواطف، وما إلى ذلك. عندها يمكنك القول:

"تحت الجسد مباشرة يوجد تيار جبار. كنتُ قد نسيته، ولكن الآن، بالحفر بمعول معرفة الذات، اكتشفت من جديد قوة الحياة تلك... أنا لست الجسد، أنا شحنة الكهرباء الإلهية التي تتخلل هذا الجسد".

لا يمكن للبلايا والمصائب أن تؤذي روحك

اعلم أنك أبديٌ خالد – ليس الغاية من الدروس البشرية [القاسية] تحطيمك، بل لجعلك تدرك وتظهر طبيعتك الخالدة، وتقول باسماً:

"أنا خالدٌ، أُرسِلتُ إلى مدرسةٍ بشرية لأتعلم وأستعيد طبيعتي الخالدة. ومع أنني أُمتحن بكل نيران الأرض المطهرة، أنا روحٌ عصيٌّ على التدمير. لا يمكن للنار أن تحرقني، ولا للماء أن يبللني، ولا للهواء أن يجففني، ولا للذرات أن تبعثرني. أنا كائنٌ أبدي لا أُقهر. أستمتعُ بالحياة وبدروسها، وأحلم بالخلود"!

❖ ❖ ❖

لقد لعبتَ أدواراً كثيرة عبر تجسدات عديدة. ولكن تلك الأدوار أُعطيت كلها لك لترفيهك – وليس لتخيفك. إن روحك الخالدة لا يمكن أن تُمس بسوء. في صور الحياة المتحركة قد تبكي، وقد تضحك، وقد تقوم بتمثيل أدوار عديدة؛ ولكن يجب أن تقول دوماً في داخلك: "أنا روح". إن إدراك هذه الحكمة يأتي بتعزية عظيمة.

❖ ❖ ❖

"أنا طفل الأبدية العذبة المبارك السعيد، أُرسلت إلى هنا لأمثّل أدواراً في دراما الولادة والموت، متذكراً على الدوام ذاتي الخالدة التي لا تموت."

"لقد أصبح محيط الروح الكوني فقاعة نفسي الصغيرة. وسواء بزغتُ في الولادة، أو احتجبت في الموت، لا يمكن لفقاعة

حياتي أن تموت في محيط الوعي الكوني. أنا وعيٌ غير خاضع للفناء لأنني محروس في قلب الروح الخالد".

* * *

لا تخشَ شيئاً، لأنك ابن الله

عندما تغمض عينيك في التأمل، تبصر اتساع وعيك ــ وتدرك أنك في قلب الأبدية. ركّز ذهنك هناك؛ خصص بعض الوقت في الصباح وفي المساء فقط لتغمض عينيك وتقول: "أنا اللانهائي؛ أنا ابن المطلق غير المحدود. الموجة هي نقطة بارزة من المحيط، ووعيي هو مظهر بارز من مظاهر الوعي الكوني. إنني لا أخشى شيئاً. أنا الروح".

* * *

اعتصم دوماً بوعي الحضور الإلهي في داخلك. كن واعياً ومتوازناً، وقل:
"أنا لا أخاف لأن كياني مصاغ من جوهر الله. أنا شرارة من نار الروح الإلهي. أنا ذرة من اللهب الكوني. أنا خلية من جسد الآب الكوني المترامي. أنا وأبي السماوي واحد."
كن جريئاً في وعيك الداخلي مؤكداً لذاتك:
"في الحياة والموت أنا حيٌّ على الدوام في الله".
يوماً بعد يوم سيلازمك هذا الوعي عندما تمارس هذه الطريقة. وعندما تدخل حالة الهدوء الباطني في التأمل، تتحرر

من قيود الجسد. عندها ما هو الموت بالنسبة لك؟ وما هو الخوف؟ لا يمكن لشيء أن يخيفك. تلك هي الحالة التي تسعى لبلوغها. ركّز على [الاهتزاز المبارك] أوم، وامزج نفسك بـ أوم في التأمل العميق. ومن خلال التيقن من وجود الله في الاهتزاز الكوني، سوف "تأتي إلى الآب" – إلى وعي الغبطة: الوعي اللانهائي الفائق المطلق. وستقول:

أنا وإلهي إله الغبطة واحد. إنني أمتلك كل شيء في هذا الكون. لا يستطيع الموت، أو المرض، أو يوم الدينونة، أو النيران، أو أي شيء انتزاع تلك الغبطة مني!

❖ ❖ ❖

أنت روح: أكّد على مزاياك الروحية

حاول أن تتذكر وتركّز على كل المزايا الإيجابية الجميلة في حياتك، ولا تؤكّد على قصوراتك ونقاط ضعفك.

❖ ❖ ❖

يجب على اليوغي التوّاق أن يتذكر عندما يشعر بالغضب ويؤكد لنفسه "هذا ليس أنا!" عندما يطغى الجشع والشهوات على ثباته وهدوئه النفسي يجب أن يقول لنفسه "هذا ليس أنا!" وعندما تحاول الكراهية أن تحجب طبيعته الحقيقية بقناع من المشاعر الكريهة، يجب أن يفصل نفسه بالقوة عن تلك المشاعر مؤكداً: "هذه ليست أنا!" وهكذا يتعلم إقفال أبواب الوعي في وجه

الزائرين غير المرحب بهم الذين يرغبون بالدخول والمكوث داخل الوعي. وعندما يتعرض ذلك المريد للاعتداء وإساءة المعاملة من قبل الآخرين، ومع ذلك يشعر بروح التسامح والمحبة المقدسة تتحرك في داخله، يمكنه عندئذٍ أن يؤكد بقناعة: " هذا\أنا! وهذه طبيعتي الحقيقية".

تأمُّل اليوغا هو عمليةٌ الغاية منها تعزيز وترسيخ دراية المرء بطبيعته الحقيقية. هذا يتم من خلال أساليب نفسية ـ جسدية محددة وقوانين روحية يمكن بواسطتها استبدال الوعي البشري الوراثي الملطخ بالشوائب بالوعي الروحي.

❖ ❖ ❖

يا أعزائي، لا تسمحوا لأحد بأن يدعوكم خطاة آثمين. إنكم أبناء الله، لأنه صنعكم على صورته... ليؤكد كل منكم لنفسه ما يلي:

"لا يهم إن كانت أخطائي بعمق المحيط وعلو النجوم، أبقى مع ذلك منتصراً لأنني الروح ذاتها [التي لا تُقهر]."

أنت النور، أنت الفرح

قد يسود الظلام في كهف لآلاف السنين، لكن إن أشعلت النور سيختفي الظلام وكأنه لم يكن أبداً. وبالمثل، مهما كانت عيوبك، فإنها ستفارقك عندما تجلب نور الخير إلى حياتك. إن نور النفس عظيم للغاية بحيث لا يمكن لتجسداتٍ من الشر أن تطفئه. ولكن الظلام المؤقت الذي هو من صنع الانسان يتسبب

بشقاء وتعاسة النفس، لأنك تتألم في ذلك الظلام. إنما يمكنك طرده بفتح عينك الروحية في التأمل العميق، وملء وعيك بنورها الإلهي الكاشف لكل شيء.

لا يمكن لأحد أن يخلّصك. أنت مخلّص نفسك عندما تدرك الحقيقة التالية:

"أنا النور ذاته. الظلام لم يكن أبداً مُقدَّراً لي، ولا يمكنه أبداً أن يحجب نور روحي."

❖ ❖ ❖

انسَ كابوس القيود الحالية. قبل النوم في الليل وعند الاستيقاظ في الصباح الباكر أكّد لنفسك:

"أنا ابن الله، تماماً كالسيد المسيح والمعلمين الروحيين. لن أتوارى عن وجه الله خلف ستارة من الجهل. سأتألق بالحكمة كي أحصل بالكامل على نوره الإلهي النقي من خلال شفافيتي الروحية المتزايدة. وإذ أحصل على نوره سأدرك بأنني ابن الله، مثلما كنت دوماً، لأنني مخلوق على صورته".

❖ ❖ ❖

"أنا ابن الله للأبد. إن قوّتي أعظم من كل تجاربي وامتحاناتي. الأشياء الخاطئة التي فعلتها في الماضي يمكنني تصحيحها الآن بالأعمال الطيبة والتأملات. سأقضي على تلك الأخطاء. أنا أبديٌ خالد."

❖ ❖ ❖

تأمل كل ليلة إلى أن تتخلص من كل الأفكار والرغبات الدنيوية... ابتعد جانباً عن كل أفكارك المضطربة ومشاعر القلق التي تنتابك واجلس في معبد روحك، حيث يتمدد فرح الله العظيم ويغمر هذا العالم، وحيث تدرك أنه لا يوجد شيء غير ذلك. عندها ستقول:

"أنا واحد مع نور الله الأبدي، ومع فرح المسيح الخالد. إن كل أمواج الخليقة تتدافع في داخلي. لقد قمتُ بإذابة موجة جسدي في محيط الروح. أنا محيط الروح. أنا لم أعد الجسد. إن روحي تهجع في الحجارة والصخور. إنني أحلم في الزهور وأغرّد في الطيور. إنني أفكر في الإنسان، وفي الإنسان الخارق (السوبرمان) أدرك ذاتي وأعرف ماهيتي".

في هذه الحالة تدرك أن النار لا يمكنها أن تدمّرك، وأن قرابة حميمة تربطك بالأرض والحشائش والسماء. عندئذٍ تسير على الأرض كروحٍ معنوية وقد تجاوزت الخوف من أمواج الخليقة الهائجة المتلاطمة.

❖ ❖ ❖

أنت الحب

"أبي السماوي هو محبة وأنا مخلوقٌ على صورته. أنا فضاء المحبة الذي فيه تومض وتتلألأ كل الكواكب، وكل النجوم، وكل الكائنات، وكل الخليقة. أنا الحب الذي يتخلل الكون بأسره".

❖ ❖ ❖

عندما تختبر ذلك الحب الإلهي، لن ترى أي فرق بين الزهرة والحيوان، وبين إنسان وآخر. ستتناغم مع كل الطبيعة، وستحب كل البشر بالتساوي. وإذ ترى عِرقاً واحداً فقط من الجنس البشري – أبناء الله – إخوتك وأخواتك في الله – ستقول لنفسك:

"الله هو أبي، وأنا أحد أعضاء أسرته البشرية الكبرى. إنني أحب الجميع لأنهم كلهم خاصتي. كما أنني أحب أختي الشمس وأخي القمر، وكل الكائنات التي خلقها أبي وتسري حياته فيها".

❖ ❖ ❖

"إنني أرحب بكل الأعراق – ذوي البشرة الزيتونية، والبيضاء، والسمراء، والصفراء، والحمراء – في بيتهم في قلبي لكي يعيشوا معي كإخوتي المولودين من أبوينا المشترَكين: آدم وحواء، والمولودين روحياً من أبينا الله".

❖ ❖ ❖

"إنني أعانق الأرض، والماء، والنار، والهواء، والأثير كأقرباء حميمين – كحياة واحدة تسري في عروقي النابضة في كل شكل من أشكال الحياة. وأضم إليّ كل الحيوانات، والنباتات، والذرات المحبوبة، والطاقات، في معبد حياتي؛ لأنني أنا الحب، وأنا الحياة نفسها".

❖ ❖ ❖

"أنت الذات"

جنانا أو المعرفة الحقيقية، هي إدراك النفس لمعنى "آهام براهماسمي (أنا براهما)،" أو "تات تفاماسي (أنت الذات)." فعندما يجلس الشخص باعتدال في وضعية التأمل ويوجّه تيار برانا *pranic* الحيوي إلى مركز كوتاستا (بين الحاجبين)، يبلغ حالة تباسيا الحقيقية: الزهد الروحي أو الممارسة التي تؤدي إلى التحكم بالقوة الداخلية المقدسة.

❖ ❖ ❖

عندما تتخطى وعي هذا العالم، مدركاً أنك لست الجسد أو العقل، ومع ذلك تبقى واعياً بوجودك على نحو لم تختبر مثله من قبل – يكون ذلك الوعي المقدس هو ما أنت عليه. فأنت ذلك الكائن الذي فيه يكمن كل ما في الوجود.

❖ ❖ ❖

حطّم هياكل المحدوديات التي تفصل نفسك عن الروح الأعظم.

"هل أنا المحيط؟ إنه صغير للغاية،
مجرد قطرة حالمة على ورقة الفضاء اللازوردي.
هل أنا السماء؟ إنها في منتهى الصغر،
مجرد بحيرة في قلب الأبدية.
هل أنا الأبدية؟ إنها صغيرة جداً
ومحصورة ضمن اسم.
[هناك..] في المنطقة الشاسعة التي لا اسم لها أحب
أن أبقى،
ما وراء حدود الأحلام، والأسماء، والمفاهيم.
أنا ما أنا عليه دائماً وأبداً:
في الماضي-الحاضر كل حين،
في المستقبل-الموجود على الدوام،
وفي الآن-القائم إلى الأبد."

الفصل ١٥

الهدف الأسمى

الإنسان منهمك في بحث دائم عن ذلك "الشيء الآخر" الذي يأمل في أن يجلب له سعادة تامة لا انتهاء لها. ذلك البحث قد انتهى بالنسبة لهؤلاء الأشخاص الذين بحثوا عن الله ووجدوه، لأن الله هو ذلك الشيء الآخر.

❖ ❖ ❖

قد يشكك الكثير من الناس أن العثور على الله هو غاية الحياة؛ ولكن يمكن للجميع القبول بأن غاية الحياة هي العثور على السعادة. وأنا أقول إن الله هو السعادة. وهو الغبطة. وهو المحبة. وهو الفرح الذي لا يفارق النفس. إذاً لماذا لا تحاول الحصول على تلك السعادة؟ لا يمكن لأحد أن يمنحها لك. يجب عليك أن تعمل باستمرار على تنميتها بنفسك.

❖ ❖ ❖

حتى ولو أعطتك الحياة كل شيء تشتهيه نفسك – من ثروة، وقوة، وأصدقاء – ستصبح بعد فترة من الوقت غير راضٍ وستطلب شيئاً أكثر من ذلك. ولكن هناك شيئاً واحداً لا يمكن أن يفقد جاذبيته بالنسبة لك – وهو الفرح ذاته. السعادة المتغيرة على نحو ممتع، بالرغم من بقاء جوهرها عديم التغيير، هي التجربة

الباطنية التي يبحث عنها كل واحد. الفرح الدائم والمتجدد على الدوام هو الله. وإذ تعثر على هذا الفرح في داخلك، ستجده في كل شيء خارج نفسك. في الله ستكتشف ينبوع الغبطة الدائمة التي لا انتهاء لها طوال الأبد.

❖ ❖ ❖

لنفترض أنك ستعاقَب بعدم السماح لك بالنوم عندما تكون في أمس الحاجة إلى الراحة، وفجأة يقول لك أحدهم: "حسناً، يمكنك الآن أن تنام". فكّر بالفرح الذي ستحس به مباشرة قبل خلودك للنوم. ضاعف هذا مليون مرة ولن تتمكن مع ذلك من وصف الفرح الذي تشعر به في التواصل مع الله.

❖ ❖ ❖

الفرح الإلهي لا حد له، وهو متواصل ومتجدد على الدوام. لا الجسم، ولا العقل، ولا أي شيء يمكن أن يزعجك عندما تكون في ذلك الوعي – تلك هي نعمة الله، وذلك هو مجد الله! وسيوّضح لك كل ما لم تستطع فهمه؛ وسيطلعك على كل ما ترغب بمعرفته.

❖ ❖ ❖

عندما تجلس بهدوء في التأمل العميق، ينبثق الفرح من داخلك، دون أن يكون للمحفزات الخارجية أي دور في انبثاقه. إن فرح التأمل عارمٌ وغامر. الذين لم يبلغوا سكينة التأمل الحقيقي لا يعرفون ما هو الفرح النقي الخالص.

❖ ❖ ❖

عندما يتم توجيه العقل والشعور نحو الداخل، تبدأ بالشعور بالفرح الإلهي. المتع الحسية لا تدوم، أما الفرح الإلهي فيدوم للأبد.

تخصيص وقت لله في حياتك

كل شيء له مكانه، ولكن عندما تضيّع الوقت على حساب سعادتك الحقيقية فذلك ليس حسناً. إنني أترك كل نشاط غير ضروري لأتمكن من التأمل ومحاولة معرفة الله، ولكي أستطيع البقاء نهاراً وليلاً في وعيه الإلهي.

❖ ❖ ❖

قليل منا يعرف مقدار ما يمكننا أن نستثمره في الحياة، فيما إذا استثمرناه بشكل صحيح، وبحكمة، وطريقة اقتصادية. دعونا نستخدم وقتنا بفعالية ــ فمراحل الحياة تنتهي قبل أن نستيقظ، ولهذا السبب لا نعرف قيمة الفسحة الزمنية التي وهبها الله لنا.

❖ ❖ ❖

لا تهدر وقتك في التسكع والتكاسل. الكثير من الناس يشغلون أنفسهم بأنشطة عديمة الأهمية. اسأل أحدهم ماذا كان يفعل وسيقول عادة: "لقد كنت مشغولاً كل الوقت!" لكنه بالكاد يتذكر بماذا كان منشغلاً!

❖ ❖ ❖

في أي لحظة قد يُطلب منك مغادرة هذا العالم؛ وسيتعين

عليك إلغاء كل مواعيدك والتزاماتك. فلماذا إذاً تمنح الأهمية الأولى لأي نشاط آخر، ونتيجة لذلك لن يتوفر لديك الوقت لتكون مع الله؟

❖ ❖ ❖

الاعتقاد بضرورة القيام أولاً بتحقيق الرغبات وأداء الواجبات الأقل أهمية هو أكبر خداع للإنسان. مازلت أذكر جيداً عندما كنت أتدرّب كتلميذ شاب عند معلمي سوامي سري يوكتسوارجي، كيف بقيت أَعِد نفسي كل يوم بأنني "سأتأمل غداً لفترة أطول". لكن سنة كاملة انقضت قبل أن أدرك بأنني كنت لا أزال أؤجل التأمل. وعلى الفور اتخذت قراراً بأن أول شيء سأفعله في الصباح هو تنظيف جسمي ثم التأمل لفترة طويلة. وبالرغم من ذلك، كنت كلما تحركت أجد نفسي منهمكاً في واجباتي وأنشطتي اليومية. بعد ذلك صممت على أن أتأمل أولاً. وهكذا تعلمت درساً عظيماً: واجبي لله يأتي في المقام الأول، وبعد ذلك أقوم بإنجاز الواجبات الأقل شأناً.

❖ ❖ ❖

من المهم التمييز بين احتياجاتك ورغباتك. احتياجاتك قليلة أما رغباتك فقد تكون غير محدودة. وللعثور على الحرية والغبطة، قم فقط بتحقيق احتياجاتك. توقف عن خلق رغبات لا تنتهي والجري وراء السراب الزائف لسعادة موهومة.

❖ ❖ ❖

استعلم تلميذ: "ما هو أفضل دعاء؟"

فأجاب برمهنساجي:

"قل لله: 'أسألك يا رب أن تعرّفني على إرادتك.' لا تقل: 'أريد هذا وأريد ذاك،'، بل آمن وثق بأن الله يعرف حاجتك وستجد بأنك تحصل على أشياء أفضل بكثير عندما يختارها هو لك".

❖ ❖ ❖

إن لم تتمكن من الحصول على بعض الفرح الذي أنت مغرم به وتتشوق إليه، فلا تُبدِ استياءً نحو الله. أحياناً من الأفضل لنا عدم حصولنا على الأشياء التي نريدها. عندما يرى الآب الإلهي أن أبناءه المدفوعين بالأهواء يريدون أن يرموا بأنفسهم في نيران الرغبات الخاطئة أو المتهورة، منجذبين إليها بلمعانها البرّاق، يحاول أن يحميهم من الاحتراق.

يقول الله: "عندما يظن أبنائي أنهم لا يحصلون مني على أية إجابة لصلواتهم، لا يعرفون بأنني أستجيب – إنما بطريقة مختلفة عما يتوقعونه مني. لا أستجيب دوماً وفقاً لرغباتهم، إلى أن يبلغوا درجة الكمال. وعندما يصبحوا كاملين تصبح طلباتهم موجّهة دوماً بالحكمة".

❖ ❖ ❖

ليس من الخطأ أن نخبر الله بأننا نريد شيئاً ما، ولكننا نُظهر إيماناً أكبر إن قلنا ببساطة: "أبانا السماوي، إنني أعلم أنك تدرك

مسبقاً كل ما احتاجه، فاسندني وأعني حسب مشيئتك".

إن رغب إنسانٌ باقتناء سيارة فخمة وصلّى بحرارة كي يمتلكها فسوف يحصل عليها. ولكن امتلاك سيارة قد لا يكون أفضل شيء بالنسبة له. أحياناً لا يحقق الله ابتهالاتنا الصغيرة لأنه يريد أن يتحفنا بهباتٍ أروع وعطايا أفضل. عزّز إيمانك أكثر بالله وثق بأن الذي خلقك سيعيلك ويزوّدك بضرورات العيش.

❖ ❖ ❖

لقد برهن لي الله أنه عندما يكون معي فإن كل "ضرورات الحياة" تصبح غير ضرورية. في ذلك الوعي تصبح أكثر عافية من الشخص العادي، وأكثر فرحاً، وأكثر وفرة وبحبوحة من كل ناحية. لا تسعَ للحصول على أشياء صغيرة لأنها ستحوّل انتباهك بعيداً عن الله. ابدأ تجربتك الآن: بسِّط الحياة وكن مَلِكاً.

❖ ❖ ❖

الشخص العادي يتأثر ببيئته الدنيوية. أما صاحب التركيز فيشكِّل حياته الخاصة. إنه يخطط ليومه وفي نهاية اليوم يجد أنه تم تنفيذ ما خطط له، ويجد نفسه أقرب إلى الله وإلى هدفه. الشخص الضعيف يخطط لأشياء كثيرة رائعة، ولكنه يجد في نهاية اليوم أنه كان ضحية الظروف والعادات السيئة. مثل هذا الشخص عادة ما يلوم الجميع ما عدا نفسه.

تذكّر، يجب ألّا تلوم أحداً سوى نفسك على مشاكلك. إن صممتَ على أنك ستتحكم بظروفك وفقاً للقانون، ستعدل ظروفك

نفسها طبقاً لذلك. أخيراً ستتعلم كيف تحيا حياة يسودها التنظيم والانضباط.

❖ ❖ ❖

أنت سيد لحظات حياتك.

❖ ❖ ❖

افترض أنك تقول لنفسك: "اليوم سأجد وقتاً للتأمل". تأمّل ولو لبضع دقائق على الأقل. في اليوم التالي، قرر أنك ستبقى لفترة أطول قليلاً في التأمل. وفي اليوم التالي لذلك، وبالرغم من كل العوائق، ابذل المزيد من الجهد.

❖ ❖ ❖

فقط عندما تشعر في أعماق ذاتك بالأهمية القصوى لله ستتمكن من الوصول إليه. لا تدع الحياة تخدعك. قم بتشكيل تلك العادات الطيبة التي تساهم في سعادتك الحقيقية. اتبع نظاماً غذائياً بسيطاً، قم بتمرين الجسد، وتأمَّل يومياً – مهما حدث ومهما كانت الظروف. إن لم تتمكن من التمرين والتأمل في الصباح، قم بذلك في المساء. ابتهل لله كل يوم: "يا رب، حتى ولو مت، أو انهار وتناثر العالم، سأخصص الوقت يومياً كي أكون معك".

❖ ❖ ❖

الدقائق هي أهم من السنين. فإن لم تملأوا دقائق حياتكم بالتفكير بالله ستنقضي السنون دون فائدة تُذكر. ولن تتمكنوا من الشعور بحضور الله عندما تكونون في أمس الحاجة إليه. أما إذا

ملأتم دقائق عمركم بالطموحات المقدسة فستمتلئ أعوامكم بتلك الطموحات.

ممارسة الحضور الإلهي

الفرح يكمن في التفكير بالله. يجب أن يكون الشوق له متواصلاً. سيأتي وقت لن يبتعد فيه عقلك عن الله، ولن يتمكن حتى المرض الجسدي، أو التشويش العقلي، أو الاضطراب النفسي من إبعاد وعيك عن الحضور الإلهي الحي. أليس ذلك رائعاً؟ أن تعيش وتفكر وتشعر بالله كل الوقت؟ وأن تبقَى في حصن حضوره، حيث لا يستطيع الموت أو أي شيء آخر أن يبعدك عنه؟

❖ ❖ ❖

تماماً وراء كلماتك المنطوقة، وتماماً وراء أفكارك، وتماماً وراء حب قلبك، وتماماً وراء إرادتك، وتماماً وراء شعورك بفرديتك، يوجد روح الله الأعظم. إنه بعيد عن الذين يفكرون أنه بعيد عنهم، لكنه قريب جداً من الذين يعتقدون أنه قريب منهم. تقول البهاغافاد غيتا: "من يدرك وجودي في كل مكان ويبصر كل الأشياء موجودة بي، لا أغيب أبداً عن باله ولا يغيب عن بالي أبداً".[١] السيد الرب لا يخيب أملنا أبداً.

❖ ❖ ❖

١ بهاغافاد غيتا ٦: ٣٠.

نقول إن الله محجوب عنا، ولكن في الحقيقة هو مرئي في الكون العظيم الظاهر. الله هو كل شيء – وليس شيئاً واحداً فقط.

❖ ❖ ❖

عندما تنظر إلى الخليقة التي تبدو صلبة وحقيقية، تذكّر أن تفكر دوماً بأنها فكر الله المجمّد على هيئة أشكال مادية. يمكنك أن تجعل عقلك يتكيف كل يوم مع هذا الإدراك بطرق صغيرة. فعندما تشاهد غروباً جميلاً فكر في نفسك: "إنه الله يرسم على صفحة السماء". وعندما تنظر إلى وجه كل إنسان تقابله، فكّر في داخلك: "إنه الله الذي أصبح هذا الإنسان". طبّق هذا التوجّه الفكري على كل اختباراتك: "الدم في جسمي هو الله؛ الفكر في عقلي هو الله؛ الحب في قلبي هو الله؛ وكل ما هو موجود هو الله".

❖ ❖ ❖

اليوغا هي القيام بكل شيء وأنت على دراية بالله. ليس فقط أثناء تأمّلك، بل يجب أيضاً أن يبقى عقلك راسخاً في الله أثناء العمل. لذلك، لا تتصور أن باستطاعتك العثور على الله في التأمل لا غير. التأمل والنشاط الصحيح كلاهما ضروري وفقاً لتعاليم البهاغافاد غيتا. إن فكّرت بالله أثناء أدائك لواجباتك، ستكون متحداً به عقلياً.

❖ ❖ ❖

عندما تعملون من أجل الله وليس (الأنا) يكون عملكم

جيداً كالتأمل. عندئذٍ يساعد العمل تأملكم ويساعد التأمل عملكم. تحتاجون إلى الاتزان، لأنكم بالتأمل فقط تصبحون خاملين، وبالعمل فقط يصبح الفكر دنيوياً وتنسون الله.

***

القيام بأشياء من أجل الله هو اختبار شخصي للغاية، ويبعث في النفس قدراً كبيراً من الراحة والرضا.

***

سيأتي الله إليك عندما تنجز كل عمل بمثابرة وإيثار وبالتفكير به والشعور بمحبته. وستدرك عندئذٍ بأنك محيط الحياة الذي أصبح الموجة الصغيرة لكل حياة. تلك هي الطريقة لمعرفة الرب عن طريق العمل. عندما تفكر به قبل العمل، وأثناء القيام بذلك العمل، وبعد إنجاز العمل، سوف يظهر ذاته لك. يجب أن تعمل، ولكن دع الله يعمل من خلالك. تلك هي أفضل طريقة للتعبير عن الحب والإخلاص لله. إن فكرت دوماً أنه يسير في قدميك، ويعمل من يديك، وينجز من خلال إرادتك، سوف تتعرف عليه.

***

بغض النظر عما أنت في صدد القيام به، يمكنك دوماً أن تهمس حبك لله، إلى أن تحصل على استجابته بصورة واعية. تلك هي أضمن طريقة للاتصال بالله في زحمة الحياة اليومية وصخبها.

***

مما يساعد جداً على نموّك هي عادة الهمس الوجداني لله.
سوف تلاحظ تغيّراً في حياتك سيعجبك جداً. وبصرف النظر
عما تفعله، يجب أن يكون الله حاضراً في ذهنك على الدوام.
عندما ترغب في مشاهدة عرض خاص، أو شراء قطعة ثياب
ترغب بها أو سيارة تعجبك، أليس صحيحاً أنه مهما كان العمل
الذي تقوم به يبقى عقلك يفكر بكيفية الحصول على تلك الأشياء؟
وما لم تحقق رغباتك القوية، لن يهدأ بالك، بل يظل عقلك يعمل
باستمرار لتحقيق تلك الرغبات. وبنفس الكيفية يجب أن يفكر
عقلك بالله ليلاً ونهاراً. حوّل الرغبات الصغيرة إلى رغبة واحدة
عظيمة في القرب من الله. وليهمس فكرك على الدوام: "في الليل
والنهار، أبحث عنكَ يا ربي، في الليل والنهار".٢

❖ ❖ ❖

كل فكرة نفكرها تخلق اهتزازاً دقيقاً معيناً... عندما تنطق
باسم الله في فكرك، وتواصل تكراره في داخلك، فإن ذلك
التكرار يحُدث ذبذبة تلتمس وتستقطب حضور الله.

❖ ❖ ❖

كلما شرد عقلك وهامَ في متاهات الأفكار الدنيوية الكثيرة،
عُد به بأناة للتفكّر بالله الذي يسكن أعماقك، وسيحين الوقت الذي
به تجده معك على الدوام – إلهاً يتكلم معك بلغتك، ويطلّ بوجهه

_____

٢ من أنشودة "باب قلبي Door of My Heart" المنشورة في كتاب أناشيد
كونية Cosmic Chants لبرمهنسا يوغانندا.

عليك من كل زهرة وريحانة ونبتة نحيلة، وعندها ستهتف: "إنني حرٌّ طليق ومحاطٌ بأشعة الروح. أطير من الأرض إلى السماء على أجنحة النور". ويا له من سرور عظيم سيغمر كيانك.

تأسيس علاقة مع الله

قال أحد الزائرين: "بالكاد يبدو التفكير بالله كل الوقت عملياً من الناحية التطبيقية". فأجاب برمهنساجي:

"العالم يوافقك في ذلك، ولكن هل العالم مكان سعيد؟ الفرح الحقيقي يهرب من الشخص الذي يترك الله لأن الله هو الفرح الأعظم بالذات. أما متعبدوه فيعيشون في جنة من السلام الباطني على هذه الأرض، في حين يصرف الذين يتناسونه أيامهم في جهنم من عدم الأمان وخيبة الأمل، من صنع أيديهم. لذلك فإن 'مصاحبة الله' أمرٌ عملي بكل تأكيد!"

❖ ❖ ❖

اسعَ للتعرف على الله. من الممكن أن تعرف الله تماماً مثلما تعرف أعز أصدقائك. هذه هي الحقيقة.

❖ ❖ ❖

أولاً يجب أن يكون لديك مفهوم صحيح عن الله – فكرة محددة يمكنك من خلالها تكوين علاقة معه – ثم يجب أن تتأمل وتصلي حتى يتحول هذا المفهوم العقلي إلى إدراك فعلي. عندها ستعرفه. إن بقيت مثابراً سوف يأتي الرب إليك.

❖ ❖ ❖

هناك أناس يصورون خالقهم على أنه واحد يمتحن الإنسان امتحاناً رهيباً، بدخان الجهل ونار العقاب، ويحكم على أعمال الإنسان بتدقيق صارم عديم الشفقة. وبذلك يشوهون المفهوم الصحيح عن الله الآب السماوي المحب الرحيم ويحولونه إلى صورة زائفة لمستبد منتقم لا يرحم. ولكن المريدين الذين يتواصلون مع الله يدركون أنه من الحماقة أن لا نفكر بأن الله هو كائن رحيم ونبع لا ينضب من المحبة والخير والطيبة.

❖ ❖ ❖

الله هو غبطة أبدية. جوهره المحبة والفرح. هو شخصي وغير شخصي، ويتجلى بأية صورة يريدها. إنه يظهر أمام قديسيه بالشكل الذي يحبذه كل منهم. فالمسيحي يرى المسيح، والهندوسي يرى كريشنا أو الأم الإلهية وهكذا. المريدون الذين يعبدون المظهر اللاشخصي يشعرون بالله كنور لا نهائي، أو يسمعون صوت أوم الكلمة الأزلية. إن أسمى اختبار يمكن للإنسان أن يحصل عليه هو أن يتذوّق تلك الغبطة التي تحوي كل مظاهر الألوهية الأخرى من محبة وحكمة وخلود. ولكن كيف يمكنني أن أنقل لكم بالكلام طبيعة الله؟ فهو لا يمكن وصفه لأنه يفوق الوصف. فقط بالتأمل العميق ستتعرفون على جوهره الفريد.

البرهان على استجابة الله

قال أحد الطلاب: "سيدي، لا يبدو أنني أتقدم في تأملاتي. فأنا لا أرى ولا أسمع شيئاً". فأجابه برمهنسا يوغانندا:

"اطلب الله محبة به. إن أسمى إدراك له هو أن تشعر به كغبطة نابعة من أعماقك اللامتناهية. لا تتشوق إلى رؤىً أو ظواهر روحية أو تجارب مثيرة. فالطريق إلى الله ليس سيركاً!"

❖ ❖ ❖

من الأسباب الشائعة للتثبيط الروحي هو توقُّع المريد بأن الله سيستجيب بإشراقة باطنية ذات وهج عظيم توحي بالرهبة والاندهاش. مثل هذا المفهوم المغلوط يجعل شعور المريد كليلاً وغير قادر على إدراك الاستجابات الإلهية الشفافة والموجودة منذ بداية ممارساته التأملية. إن الله يستجيب لكل مجهود يبذله المريد، ولكل نداء صادق مشحون بالمحبة التعبدية. حتى كمبتدئ، ستتأكد من ذلك بنفسك فيما إذا لمست حضوره كشعورٍ من السلام الهادئ الذي يغمر وعيك. هذا السلام هو البرهان الأول على حضور الله في داخلك. وستعلم أنه هو الذي وجّهك وألهمك لاتخاذ بعض المقررات الصائبة في حياتك. وستشعر بقوّته تشجعك وتمكّنك من التغلب على العادات السيئة وتغذي بك المزايا الروحية. وستعرفه كفرح متزايد باستمرار وحب ينبع من أعماقك: ويفعم كل يوم من حياتك وكل علاقة من علاقاتك.

❖ ❖ ❖

كلما شعرتَ بالسلام في التأمل، كلما اقتربتَ أكثر من الله. إنه يقترب منك أكثر فأكثر كلما تعمقت في التأمل. سلام التأمل هو لغة السكينة والطمأنينة الإلهية. الله موجود على عرش السلام داخل نفسك. اعثر عليه أولاً في داخلك وستجده في كل مساعي الحياة النبيلة، في الأصدقاء الصادقين، في جمال الطبيعة، في الكتب والأفكار الجيدة، وفي الطموحات السامية... عندما تعرف الله كسلام داخلي، ستكون على دراية به كسلامٍ موجود في التناغم الكوني وكل الأشياء الخارجية.

❖❖❖

أبدى زائرٌ الملاحظة التالية: "مع أنني أحاول تهدئة عقلي، لا زلت أفتقد القدرة على التخلص من الأفكار المضطربة والنفاذ إلى العالم الباطني. لا بد أنني أفتقر إلى الإخلاص".

فأجاب برمهنسا يوغانندا: "إن الجلوس في الصمت محاولاً الشعور بالإخلاص قد لا يجديك نفعاً. لهذا السبب أعلّم أساليب التأمل العلمي. مارس هذه الأساليب وستتمكن من عزل العقل عن المشوشات الحسية وعن تدفق الأفكار التي لا تهدأ.

"بممارسة الكريا يوغا يرتقي وعي الممارس ويعمل على مستوى أرفع. عندها يبزغ الإخلاص للروح اللانهائي تلقائيا في قلب الإنسان."

❖❖❖

الدليل الأساسي لمعرفة الذات ــ لوجود الوعي الإلهي في داخلك ــ هو أن تكون سعيداً حقاً وبدون شروط. إن كنت تحصل

على فرح متزايد ومتواصل في التأمل فيمكنك أن تعرف بأن الله يُظهر حضوره في داخلك.

❖ ❖ ❖

حتى المريدون الصادقون يعتقدون أحياناً أن الله لا يستجيب لصلواتهم. إنه يجيب بصمت من خلال قوانينه. ولكنه لن يجيب علناً ولن يتكلم إلى المريد ما لم يتأكد تماماً من صدق المريد وإخلاصه. إن سيد الأكوان متواضع للغاية بحيث أنه لا يتكلم لئلا يؤثر على استخدام المريد لإرادته الحرة في اختياره لله أو رفضه له. بمجرد أن تعرف الله فسوف تحبه دون أدنى شك. من يقدر على مقاومة ما لا يمكن مقاومته؟

ولكن عليك أن تثبت محبتك غير المشروطة لله حتى تتعرف عليه. يجب أن تمتلك الإيمان وتثق بأنه يستمع إليك عندما تصلي، وبأنه سيظهر ذاته لك.

❖ ❖ ❖

عندما لا يستجيب الله لصلواتك، فذلك لأنك لست جاداً. إذا رفعت للآب السماوي صلوات مقلّدة وجافة، فلا يمكنك أن تتوقع لفت انتباهه. الطريقة الوحيدة للوصول إلى الله عن طريق الصلاة هي بالمثابرة والاستمرار والإخلاص والمحبة العميقة. طهّر عقلك من كل السلبيات، مثل الخوف والقلق والغضب؛ ثم املأه بأفكار الحب والخدمة والتوقعات السارة. في حرم قلبك يجب أن تكون هناك قوة واحدة، وفرح واحد، وسلام واحد – يجب أن يكون الله في حرم قلبك.

العنصر الشخصي في البحث عن الله

هناك عنصر شخصي في البحث عن الله يفوق من حيث الأهمية إتقان كل علم اليوغا. الآب السماوي يريد أن يشعر أن أبناءه يريدونه وحده، وبأنهم لن يرضوا بأي شيء سواه. عندما يشعر الله بأن الأولوية ليست له في قلب المريد، يتنحى جانباً. ولكنه يأتي بكل تأكيد إلى الذي يقول: "يا رب، لا يهم إن فقدت النوم هذه الليلة، طالما أنا معك." من وراء الستائر الغامضة لهذا العالم، التي لا تعد ولا تحصى، سوف يأتي حاكم الكون ليظهر ذاته. إنه يتحدث إلى متعبديه الحقيقيين ويلاعبهم لعبة الاختفاء والبحث (الغميضة). أحياناً يكشف عن حقيقة تبعث على الطمأنينة عندما يكون أحدهم يعاني من القلق. وسيأتي الوقت عندما يقوم – بطريقة مباشرة أو غير مباشرة – بتحقيق كل أمنية لمتعبده.

❖ ❖ ❖

إن إقناع الله بإعطاء ذاته لك أمرٌ يلزمه حماس ملتهب ومستدام. لا يستطيع أحد أن يعلّمك ذلك الحماس، بل يجب أن تنميه بنفسك. "يمكنك أن تأخذ الحصان إلى الماء، إنما لا تقدر أن تجبره على الشرب". ولكن عندما يعطش الحصان فإنه يطلب الماء بهمة ورغبة من تلقاء ذاته. وبالمثل، عندما تمتلك عطشاً قوياً لله، وعندما لا تولي أهمية غير ضرورية لأي شيء آخر، سواء لتجارب الحياة أو لتجارب الجسد، عندها سيأتي إليك.

❖ ❖ ❖

لكي تكون ناجحاً مع الله، العامل الأهم هو امتلاك تلك الرغبة القوية [والشعور بذلك] الشوق الكبير.

❖ ❖ ❖

ومع أن الله يسمع كل صلواتنا فإنه لا يستجيب دوماً. إن حالتنا شبيهة بذلك الطفل الذي ينادي أمه، ولكن الأم لا تظن أنه من الضروري أن تأتي إليه، فترسل إليه لعبة لإسكاته. ولكن عندما يرفض الطفل أي بديل عن حضور الأم، تأتي إليه. إن أردت التعرف على الله يجب أن تكون كذلك الطفل الشقي الذي يواصل البكاء حتى تأتي أمه إليه.

❖ ❖ ❖

لا تنهض من مكانك بعد إرسال رسالة عقلية أو اثنتين لله، ولكن استمر في [التأكيد] الواعي، بحماس شخصي متواصل، وبجوع قلبك المتزايد باستمرار... إلى أن تشعر بنشوات الفرح المتعاظمة تغمر جسدك كله.

❖ ❖ ❖

عندما تشعر بأن رعشة من الفرح المنبثق بقوة في داخلك، تتوسع في قلبك وتغمر جسمك كله، وتظل تزداد حتى بعد التأمل، تكون قد حصلت على الدليل الأكيد بأن الله قد استجاب لك من خلال لاسلكي قلبك المتناغم.

❖ ❖ ❖

في الله ستجد حب كل القلوب. وستجد كل القناعة والرضا.

كل الأشياء التي يمنحها لك العالم ثم يأخذها منك ويتركك تشعر بالألم وخيبة الأمل، ستجدها بمقدار أكبر بكثير في الله، وبدون حسرة أو ألم بعد حصولك عليها.

٭ ٭ ٭

إنه أقرب من القريب وأعز من الحبيب. اعشقه مثلما يعشق البخيلُ المالَ، واحببه محبة المتيّم الولهان لحبيبة قلبه، محبة الغريق لنسمة الهواء. فعندما تبثه حنينك العارم وشوقك الغامر سيأتي إليك.

٭ ٭ ٭

إن فاحص القلوب لا يريد سوى حبك الصادق فقط. إنه كالطفل الصغير: أحدهم قد يعرض عليه كل ثروته فلا يرغب بها؛ وآخر يناديه قائلاً: "أحبك يا رب!" فيأتي مهرولاً إلى قلب ذلك المريد.

٭ ٭ ٭

الله لن يطلب منك أن تحبه أكثر من أي شيء آخر، لأنه يريد محبتك خالصة نقية دون "حَثٍّ أو مطالبة". ذلك هو السر الكامل الكامن في المسرحية الكونية. فالذي خلقنا يحنّ لمحبتنا له ويريدنا أن نقدّم حبنا إليه بصورة عفوية تلقائية دون أن يطلب منا ذلك. محبتنا هي الشيء الوحيد الذي لا يمتلكه الله ما لم نختر تقديمها له. وهكذا ترى أنه حتى الله لديه ما يرغب في الحصول عليه: حبنا! ولن نسعد ما لم نمنح حبنا لله.

٭ ٭ ٭

إن أعظم حب يمكن أن تختبره هو في التواصل مع الله في التأمل. الحب الذي بين النفس والروح الإلهي هو حب مثالي كامل، وهو الحب الذي كلكم تطلبونه وتبحثون عنه. عندما تتأمل ينمو الحب وتسري في القلب ملايين الابتهاجات وهزات الفرح... إن تعمقتَ في التأمل ستختبر حباً لا يمكن للسان بشري أن يصفه؛ وستعرف ماهية الحب الإلهي، وستتمكن من منح ذلك الحب النقي للآخرين.

❖ ❖ ❖

إن استطعت أن تشعر ولو بذرّة واحدة من الحب الإلهي، سيغمرك فرح عظيم – فرح عارم – بحيث لن تتمكن من احتوائه.

❖ ❖ ❖

إن تناغمنا مع الله، يصبح إدراكنا غير محدود، يتخلل كل مكان عبر التدفق الأوقيانوسي للحضور الإلهي. عندما نعرف الروح الإلهي، وعندما ندرك أنفسنا بأننا الروح، لن يبقى هناك من يابسة وبحر، ومن أرض وسماء – بل يصبح الروح كل شيء. إن ذوبان كل شيء في الروح الإلهي هو حالة لا يمكن لأحد أن يصفها. من يختبر تلك الحالة يشعر بغبطة عظيمة – باكتمال أبدي للفرح والمعرفة والمحبة.

❖ ❖ ❖

إن حب الله، حب الروح الإلهي، هو حب فائق يغمر النفس.

وبمجرد أن تختبره سينطلق بك صعوداً ويأخذك إلى العوالم الأبدية. ذلك الحب لن يترك قلبك أبداً. بل سيتوهج في قلبك وفي لهيبه ستجد مغناطيسية الروح العظيمة التي ستجذب الآخرين إليك، وتجلب لك كل ما تحتاجه حقاً أو ترغب به. أقولُ لكم صدقاً إن كل أسئلتي حصلَتْ على إجابات لها، ليس من خلال الإنسان بل من الله. فهو بكل تأكيد موجود. إنها روحه التي تتحدث إليكم من خلالي. وإنه حبه الذي أتحدث عنه. أحس بنبضات متواصلة من الغبطة، فحبه يأتي إلى النفس كالنسيم العليل. ليلاً نهاراً، أسبوعاً بعد أسبوع، عاماً بعد عام، يتزايد الفرح الإلهي ـ ولا تعرفون أين النهاية. وهذا ما يبحث عنه كل واحد منكم. تفكرون أنكم بحاجة إلى الحب البشري وإلى الرخاء والازدهار، ولكن وراء كل ذلك الآب السماوي الذي يناديكم. وإن أدركتم أنه أعظم من كل عطاياه، فسوف تجدونه.

❖ ❖ ❖

لقد أتى الإنسان إلى هذه الأرض ليتعلم كيف يعرف الله؛ وهو هنا ليس لأي سبب آخر. تلك هي رسالة الرب الحقيقية. ولكل الذين يبحثون عنه ويحبونه، يحكي لهم عن تلك الحياة العظيمة حيث لا يوجد ألم، ولا شيخوخة، ولا حروب، ولا موت ـ بل أمان دائم وطمأنينة أبدية. في تلك الحياة لا يتم تدمير أي شيء. هناك فقط سعادة تفوق الوصف ولا تبلى أبداً ـ سعادة متجددة على الدوام.

لذلك البحث عن الله أمر يستحق الاهتمام. إن كل الذين

يبحثون عنه بصدق وإخلاص سيجدونه بكل تأكيد. الذين يرغبون في محبة الرب ويتشوقون لدخول مملكته، ويشعرون في قلوبهم برغبة صادقة لمعرفته، سوف يجدونه. يجب أن تمتلك، ليلاً نهاراً، رغبة متزايدة باستمرار للتعرف على الله. سوف يعترف بحبك له بتحقيق وعده لك طوال الأبدية، وسوف تعرف فرحاً أبدياً وسعادة لا انتهاء لها. كل شيء نور، وكل شيء فرح، وكل شيء سلام، وكل شيء حب، وهو كل شيء.

———————————————

صلوات وتوكيدات

علمني أن أجد حضورك على مذبح سلامي الدائم وفي الفرح النابع من التأمل العميق.

❖ ❖ ❖

باركني حتى أجدك في هيكل كل فكرة وكل نشاط. وإذ أجدك في داخلي، سأجدك من حولي، في كل الناس، وفي كل الظروف والأحوال.

نبذة عن المؤلف

"إن المثل الأعلى لمحبة الله وخدمة الإنسانية وجد تعبيراً كاملاً في حياة برمهنسا يوغانندا... ومع أنه صرف القسم الأكبر من حياته خارج الهند، لا زال يحتفظ بمكانه بين عظماء قديسينا. فعمله يستمر بالنمو ويزداد تألقاً، ويجتذب الناس من كل مكان للانضمام إلى مسيرة الروح."

– من شهادة لحكومة الهند عند إصدارها طابعاً بريدياً تذكارياً تكريماً لبرمهنسا يوغانندا بمناسبة الذكرى السنوية الخامسة والعشرين لرحيلة.

وُلد برمهنسا يوغانندا في ٥ يناير/كانون الثاني ١٨٩٣ في الهند وكرّس حياته لمساعدة الناس من كل الأجناس والمعتقدات لمعرفة ما تحويه نفس الإنسان من جمال وسمو وقداسة حقيقية وإظهار ذلك على نحو أكمل في حياتهم.

بعد تخرجه من جامعة كلكتا في عام ١٩١٥، اتخذ نذوراً رسمية كراهب في سلك السوامي المبجل في الهند. وبعد ذلك بسنتين بدأ عمل حياته بتأسيس مدرسة "فن الحياة المتوازنة" – والتي تطورت منذ ذلك الحين إلى واحد وعشرين معهداً تربوياً في جميع أنحاء الهند – حيث يتم تقديم المواد الأكاديمية التقليدية جنباً إلى جنب مع تدريب اليوغا وتلقين المثل والمبادئ الروحية. في عام ١٩٢٠ تلقى دعوة ليمثّل الهند في مؤتمر عالمي

للمتدينين الأحرار في بوسطن بالولايات المتحدة. وقد لاقت كلمته الافتتاحية ومحاضراته اللاحقة في الساحل الشرقي استقبالاً مفعماً بالحماس. وفي عام ١٩٢٤ بدأ جولة محاضرات عبر القارة.

وعلى مدى الثلاثة عقود التالية ساهم برمهنسا يوغانندا بطرق بعيدة الأثر في تقدير الغرب ودرايته المتزايدة لحكمة الشرق الروحية. ففي لوس أنجلوس، أسس المقر العالمي لـ Self-Realization Fellowship – وهي جماعة دينية لاطائفية أسسها في عام ١٩٢٠. ومن خلال كتاباته وجولات محاضراته المكثفة، واستحداث العديد من المعابد ومراكز التأمل التابعة إلى Self-Realization Fellowship، فقد جعل علم وفلسفة اليوغا وأساليبها التأملية القابلة للتطبيق عالمياً في متناول آلاف الباحثين عن الحقيقة.

اليوم، يتواصل العمل الروحي والإنساني الذي بدأه برمهنسا يوغانندا بإشراف وتوجيه الأخ تشيدانندا رئيس Self-Realization Fellowship / Yogoda Satsanga Society of India. وبالإضافة لنشر كتاباته ومحاضراته وأحاديثه غير الرسمية (بما في ذلك سلسلة من الدروس الشاملة للدراسة المنزلية)، تشرف الجماعة أيضاً على المعابد والخلوات والمراكز حول العالم، فضلاً عن نظام معرفة الذات الرهباني ودائرة الصلاة العالمية.

في مقال عن حياة وعمل شري يوغانندا، كتب أستاذ اللغات القديمة في كلية سكريبس الدكتور كوينسي هاو الابن ما يلي: "لم يقتصر ما جلبه برمهنسا يوغانندا للغرب على وعد الهند الراسخ بمعرفة الله، بل جلب أيضاً أسلوباً عملياً يمكن من خلاله

للطامحين الروحيين من كل مناحي الحياة أن يتقدموا بسرعة نحو ذلك الهدف. إن تراث الهند الذي لاقى في الأصل تقديراً في الغرب على أكثر المستويات سمواً وتجريداً، أصبح الآن متاحاً كممارسة وتجربة لكل من يطمح للتعرف على الله، ليس في العالم الآخر، بل هنا والآن... إذ وضع يوغانندا في متناول الجميع أعظم طرق التأمل وأسماها".

إن حياة وتعاليم برمهنسا يوغانندا موصوفة في كتابه مذكرات يوغي *Autobiography of a Yogi*، وفي أكتوبر/تشرين الأول ٢٠١٤ تم إصدار فيلم استيقظ: حياة يوغانندا/ *Awake: The Life of Yogananda* وهو فيلم وثائقي حائز على جوائز يتناول حياة وعمل برمهنسا يوغانندا.

برمهنسا يوغانندا:
يوغي في الحياة والموت

دخل برمهنسا يوغانندا حالة ماهاسمادهي (الخروج الواعي الأخير لليوغي من الجسد) في لوس أنجلوس، كاليفورنيا، في ٧ مارس/آذار ١٩٥٢، بعد اختتام كلمة ألقاها في مأدبة أقيمت على شرف سعادة سفير الهند بيناري آر. سِن.

لقد أظهر المعلم العالمي العظيم قيمة اليوغا (الأساليب العلمية لمعرفة الله) ليس فقط في الحياة بل في الموت أيضاً. فبعد أسابيع من رحيله، ظل وجهه الذي لم يتغير ولم يتطرق إليه الفساد يشع بريقاً مقدساً.

وقد أرسل المستر هاري تي. رو Harry T. Rowe، مدير مدفن فورست لاون ميموريال بارك Forest Lawn Memorial Park (حيث تم وضع جثمان المعلم العظيم مؤقتاً) خطاباً موثقاً إلى Self-Realization Fellowship، وهذه مقتطفات منه:

"إن عدم وجود أي علامات مرئية للتعفن في جثمان برمهنسا يوغانندا هو الحالة الأكثر استثنائية في تجربتنا... إذ لم يظهر تحلل مادي في جسده حتى بعد عشرين يوماً من وفاته... ولم تظهر علامات التعفن على بشرته، ولم يظهر جفاف في أنسجة الجسم. وهذه الحالة من الحفظ التام للجسد هي، على حد معرفتنا بالسجلات الجنائزية، حالة لا مثيل لها... فعند استلام جثمان يوغانندا، توقع عمال الدفن أن يلاحظوا من خلال الغطاء الزجاجي للنعش، علامات التحلل التدريجي للجسد. لكن دهشتنا زادت مع توالي الأيام دون حدوث أي تغيير واضح في الجسد الذي كان تحت المراقبة. فجسد يوغانندا كان على ما يبدو في حالة استثنائية من عدم التغيير... حيث لم تنبعث من جسده رائحة التعفن في أي وقت...

ففي ٢٧ مارس كان المظهر الجسدي ليوغانندا، قبل وضع الغطاء البرونزي على التابوت، هو نفسه كما كان في ٧ مارس. لقد بدا يوم ٢٧ مارس غضاً دون أثر للتحلل مثلما كان ليلة وفاته. وفي ٢٧ مارس لم يكن هناك سبب يدعونا للقول بأن جسده قد عانى من أي تحلل جسدي مرئي على الإطلاق. ولهذه الأسباب نعلن مرة أخرى أن حالة برمهنسا يوغانندا هي فريدة من نوعها في تجربتنا".

موارد إضافية بخصوص تعاليم برمهنسا يوغانندا حول كريا يوغا

Self-Realization Fellowship مكرّسة لتقديم المساعدة دون قيود للباحثين في جميع أنحاء العالم. للحصول على معلومات بخصوص سلسلتنا السنوية من المحاضرات والفصول العامة، وخدمات التأمل الإلهامية في معابدنا ومراكزنا حول العالم، وجدول الخلوات والأنشطة الأخرى، ندعوكم لزيارة موقعنا على الإنترنت أو مقرنا العالمي:

www.yogananda.org

Self-Realization Fellowship
3880 San Rafael Avenue
Los Angeles, CA 90065-3219
+1(323) 225-2471

دروس
Self-Realization Fellowship

إرشادات وتعليمات شخصية
من برمهنسا يوغانندا
حول التأمل ومبادئ الحياة الروحية

إذا كنت تشعر بالانجذاب إلى الحقائق الروحية المشروحة في مذكرات يوغي *Autobiography of a Yogi*، فإننا ندعوك للتسجيل في دروس *Self-Realization Fellowship*.

لقد أنشأ برمهنسا يوغانندا سلسلة الدراسة المنزلية هذه لإتاحة الفرصة للباحثين المخلصين لتعلّم وممارسة أساليب تأمل اليوغا القديمة التي يحتويها هذا الكتاب – بما في ذلك علم الكريا يوغا. وتقدم الدروس أيضاً إرشاداته العملية لتحقيق التوازن والرفاه الجسدي والعقلي والروحي. تتوفر دروس *Self-Realization Fellowship* مقابل رسم رمزي (لتغطية تكاليف الطبع والبريد)، ويقدم رهبان وراهبات Self-Realization Fellowship لجميع الطلاب إرشادات شخصية حول الممارسة التطبيقية للدروس.

لمزيد من المعلومات...

يرجى زيارة الموقع الإلكتروني www.srflessons.org لطلب حزمة تتضمن معلومات مجانية شاملة عن الدروس.

الأهداف والمثل العليا
لـ Self-Realization Fellowship

كما وضعها المؤسس برمهنسا يوغانندا
رئيس الجماعة الأخ تشيدانندا

نشر معرفة بين الأمم تتضمن أساليب علمية أكيدة للحصول على تجربة شخصية مباشرة مع الله.

التلقين بأن غاية الحياة هي تطوير وعي الإنسان البشري المحدود، من خلال المجهود الذاتي، إلى الوعي الإلهي؛ ولهذه الغاية تأسيس معابد Self-Realization Fellowship في كافة أنحاء العالم للتواصل مع الله، والتشجيع على تأسيس معابد فردية لله في بيوت وقلوب الناس.

إظهار الانسجام التام والوحدة الجوهرية بين المسيحية الأصلية كما علّمها يسوع المسيح واليوغا الأصلية كما علّمها بهاغافان كريشنا؛ والتوضيح أن مبادئ الحق هذه هي الأساس العلمي المشترك لجميع الديانات الحقيقية.

تبيان الطريق الرئيسي المقدس الذي تفضي إليه جميع دروب المعتقدات الدينية الحقيقية: طريق التأمل اليومي، العلمي، التعبدي على الله.

تحرير الإنسان من معاناته الثلاثية: المرض الجسدي، الاضطرابات العقلية، والجهل الروحي.

تشجيع "العيش البسيط والتفكير العالي"؛ ونشر روح الإخاء بين كل شعوب العالم بتلقين الأساس الأبدي لوحدهم: صلتهم بالله.

إثبات تفوق العقل على الجسد، والروح على العقل.

قهر الشر بالخير، والحزن بالفرح، والقسوة باللطف، والجهل بالحكمة.

توحيد العلم والدين عن طريق معرفة الوحدة القائمة بين مبادئهما الأساسية.

الدفع باتجاه التفاهم الثقافي والروحي بين الشرق والغرب، وتبادل أفضل خصائصهما المميزة.

خدمة البشرية بصفتها ذات الإنسان الكبرى.

ومن منشورات *Self-Realization Fellowship* أيضاً:

مذكرات يوغي

تقدم هذه المذكرات المشهورة صورة رائعة لأحد الشخصيات الروحية العظيمة في عصرنا. بصراحة ممتعة، وبلاغة وفطنة شفافة، يروي برمهنسا يوغانندا سيرة حياته الملهمة بما فيها من تجارب طفولته الرائعة، ولقاءاته مع العديد من القديسين والحكماء خلال بحثه وهو فتىً يافع في جميع أنحاء الهند عن معلم مستنير، وتدريبه لعشر سنوات في صومعة معلم يوغا جليل، وثلاثين عاماً عاشها وعلّم خلالها في أمريكا. كما تحتوي السيرة أيضاً على لقاءاته مع المهاتما غاندي، ورابندرانات طاغور، ولوثر بربانك، والكاثوليكية تيريز نيومان التي حملت جروحاً تشبه جروح المسيح، وشخصيات روحية أخرى مشهورة من الشرق والغرب.

كتاب مذكرات يوغي *Autobiography of a Yogi* هو في الوقت نفسه قصة مدونة بأسلوب جميل لحياة استثنائية ومقدمة عميقة لعلم اليوغا القديم وتقليد التأمل العريق، حيث يشرح المؤلف بوضوح القوانين الشفافة إنما الثابتة خلف كل

الأحداث العادية للحياة اليومية والأحداث غير العادية التي تدعى عادة معجزات. وهكذا تصبح قصة حياته المشوقة خلفية أساسية لإلقاء نظرة ثاقبة لا تُنسى على الأسرار النهائية للوجود البشري.

يعتبر الكتاب من الكلاسيكيات الروحية الحديثة، وقد تُرجم إلى أكثر من خمسين لغة ويستخدم على نطاق واسع ككتاب دراسي وعمل مرجعي في الكليات والجامعات، وهو من أكثر الكتب مبيعاً منذ نشره لأول مرة قبل أكثر من خمسة وسبعين عاماً، وقد وجدت هذه المذكرات طريقها إلى قلوب ملايين القراء حول العالم.

———————————

"قصة نادرة." – نيويورك تايمز

"دراسة رائعة ومستوفية الشروح" – نيوزويك

"لم يُدون من قبل، لا باللغة الإنكليزية ولا بأية لغة أوروبية أخرى، مثل هذا العرض لليوغا."
– مطبعة جامعة كولومبيا

كتب باللغة العربية من تأليف برمهنسا يوغانندا

منشورات عربية من
Self-Realization Fellowship
متوفرة على الموقع الإلكتروني
www.srfbooks.org
أو غيره من مكتبات بيع الكتب عبر الإنترنت

كيف يمكنك محادثة الله

يُعرّف برمهنسا يوغانندا الله بأنه الروح الكوني الفائق والأب، والأم، والصديق الشخصي المحب والقريب من الجميع، ويبيّن مدى قرب الرب من كل واحد منا، وكيف يمكن إقناعه بأن "يكسر صمته" ويستجيب بطريقة محسوسة.

توكيدات شفاء علمية

في هذا الكتاب الذي يشتمل على مجموعة واسعة من التوكيدات يقدم برمهنسا يوغانندا شرحاً عميقاً للأسس العلمية للتوكيد. ويشرح طريقة عمل التوكيدات، وكيف يمكن استخدام قوة الكلمة والفكر ليس فقط لاستجلاب الشفاء، ولكن أيضاً لإحداث التغيير المرغوب في كل مجال من مجالات الحياة.

تأملات ميتافيزيقية

أكثر من ٣٠٠ من التأملات والصلوات والتوكيدات الروحية التي تلهم الفكر وتسمو به، والتي يمكن استخدامها لتنمية قدر أكبر من الصحة، والحيوية، والإبداع، والثقة بالنفس، والهدوء؛ وللعيش بدراية أكبر بحضور الله الذي يغمر النفس بالغبطة والابتهاج.

عِلم الدين

في هذا الكتاب، يبين برمهنسا يوغانندا أن داخل كل إنسان توجد رغبة حتمية لا مفر منها وهي التغلب على المعاناة والحصول على سعادة لا انتهاء لها. وإذ يشرح كيف يمكن تحقيق هذه الأشواق، فإنه يتناول بدقة الفعالية النسبية للمقاربات المختلفة لتحقيق هذا الهدف.

قانون النجاح

يشرح المبادئ الديناميكية لتحقيق أهداف المرء في الحياة، ويحدد القوانين الكونية التي تحقق النجاح وتجلب الرضا – على المستوى الشخصي والمهني والروحي.

همسات من الأبدية

مجموعة من صلوات برمهنسا يوغانندا واختباراته الإلهية في حالات التأمل السامية. إن كلماته المدونة بجمال شعري وإيقاع رائع تظهر تنوعاً لا ينفد لطبيعة الله والعذوبة اللامتناهية التي يستجيب بها لمن يبحثون عنه.

مأثورات برمهنسا يوغانندا

مجموعة من الأقوال والمشورة الحكيمة التي تنقل ردود برمهنسا يوغانندا الصريحة والمفعمة بالمحبة لأولئك الذين قصدوه التماساً للتوجيه والإرشاد. المأثورات في هذا الكتاب، التي تم تدوينها بواسطة عدد من تلاميذه المقربين، تتيح للقارئ فرصة المشاركة في لقاءاتهم مع المعلم.

حيثما يوجد النور

يوفر هذا الكتاب الزاخر بالحكمة المستقاة من مقتطفات مختارة من كتابات ومحاضرات برمهنسا يوغانندا، مؤلف كتاب مذكرات يوغي، ثروة من الإرشادات العملية والإلهام لكل من يسعى إلى مزيد من الانسجام والتوازن الروحي.

العيش بجرأة وبدون خوف

يعلمنا كتاب العيش بجرأة وبدون خوف كيف نكسر قيود الخوف ويبيّن لنا كيف يمكننا التغلب على عوائقنا النفسية. هذا الكتاب الموجز فيه قدر كبير من الإرشادات التي تغير الحياة [نحو الأفضل] ومن أساليب اليوغا التي أثبتت فعاليتها في التغلب على الخوف.

لكي تنتصر في الحياة

في هذا الكتاب الفعّال يوضح برمهنسا يوغانندا كيف يمكننا تحقيق أسمى أهداف الحياة من خلال إبراز الإمكانات غير المحدودة التي في داخلنا. ويقدم لنا نصائح عملية لتحقيق النجاح، ويمنح طرقاً محددة لخلق سعادة دائمة، ويوضح كيفية التغلب على السلبية والقصور الذاتي من خلال استخدام القوة الديناميكية لإرادتنا.

لماذا يسمح الله بالشر وكيف يمكن تجاوزه

لقد سعى الفلاسفة وعلماء الدين في جميع أنحاء العالم للإجابة على السؤال: لماذا يسمح الله المحب بالشر؟ في هذه الصفحات، يقدّم برمهنسا يوغانندا القدرة على التحمل والعزاء في أوقات الشدائد من خلال شرح أسرار الدراما الإلهية. سيتمكن القرّاء من معرفة سبب الطبيعة الثنائية للخلق – التفاعل الإلهي بين الخير والشر – وسيحصلون على إرشادات حول كيفية تجاوز أصعب الظروف وأكثرها تحدياً.

في محراب الروح

قد نتساءل في كثير من الأحيان: "هل صلاتي فعالة؟ وهل يستجيب لي الله؟" يقدم هذا الكتاب الملهم حكمة وومضات تنويرية مختارة من كتابات برمهنسا يوغانندا. كما يتطرق إلى الطرق التي يمكننا من خلالها تعميق قوة صلواتنا وجعلها مصدراً يومياً للحب والعزيمة والإرشاد. إنه دليل روحي مصمم على نحو جميل لإلهام أتباع جميع الأديان.

السلام الداخلي

لكل من يشعرون بأن التوتر والعصبية حقيقة لا مفر منها في الحياة الحديثة، يذكّرنا برمهنساجي بأن في داخل كل واحد منا مركز من السلام يمكننا أن نتعلم كيفية الوصول إلية كلما أردنا.

كتب باللغة الإنكليزية لبرمهنسا يوغانن_دا

Autobiography of a Yogi

God Talks With Arjuna: The Bhagavad Gita
— A New Translation and Commentary

The Second Coming of Christ:
The Resurrection of the Christ Within You
— A Revelatory Commentary on the Original Teachings of
Jesus

The Yoga of the Bhagavad Gita

The Yoga of Jesus

The Collected Talks and Essays
Volume I: Man's Eternal Quest
Volume II: The Divine Romance
Volume III: Journey to Self-realization
Volume IV: Solving the Mystery of Life

Wine of the Mystic:
The Rubaiyat of Omar Khayyam
— A Spiritual Interpretation

Songs of the Soul

Whispers from Eternity

Scientific Healing Affirmations

In the Sanctuary of the Soul:
A Guide to Effective Prayer

The Science of Religion

Metaphysical Meditations

Where There Is Light
—Insight and Inspiration for Meeting Life's Challenges

Sayings of Paramahansa Yogananda

Inner Peace:
How to Be Calmly Active and Actively Calm

Living Fearlessly
—Bringing Out Your Inner Soul Strength

The Law of Success

How You Can Talk With God
Why God Permits Evil and How to Rise Above It

To Be Victorious in Life

Cosmic Chants

تسجيلات برمهنسا يوغانندا الصوتية

Beholding the One in All

The Great Light of God

Songs of My Heart

To Make Heaven on Earth

Removing All Sorrow and Suffering

Follow the Path of Christ, Krishna, and the Masters

Awake in the Cosmic Dream

Be a Smile Millionaire

One Life Versus Reincarnation

In the Glory of the Spirit

Self-Realization: The Inner and the Outer Path

منشورات أخرى من
Self-Realization Fellowship

The Holy Science
— Swami Sri Yukteswar

Only Love:
Living the Spiritual Life in a Changing World
— Sri Daya Mata

Finding the Joy Within You:
Personal Counsel for God-Centered Living
— Sri Daya Mata

Intuition:
Soul Guidance for Life's Decisions
— Sri Daya Mata

Enter The Quiet Heart
Creating a Loving Relationship with God
— Sri Daya Mata

God Alone:
The Life and Letters of a Saint
— Sri Gyanamata

“Mejda”:
The Family and the Early Life of
Paramahansa Yogananda
— Sananda Lal Ghosh

Self-Realization
(مجلة أسسها برمهنسا يوغانندا في عام ١٩٢٥)

دي في دي فيديو

Awake: The Life of Yogananda
فيلم من إنتاج شركة أفلام كاونتربوينت

يتوفر كتالوج كامل يحتوي على كتب وتسجيلات فيديو/ تسجيلات صوتية – بما في ذلك تسجيلات أرشيفية نادرة لبرمهنسا يوغانندا – على الموقع الإلكتروني:

www.srfbooks.org
Self-Realization Fellowship
3880 San Rafael Avenue • Los Angeles, CA 90065-3219
Tel +1(323) 225-2471 • Fax +1(323) 225-5088
www.yogananda.org

المسرد

[ملاحظة: (را) = راجع]

العالم الكوكبي astral world: يوجد ما وراء العالم المادي عالم كوكبي شفاف من النور والطاقة، وعالم سببي أو مثالي من الفكر. كل كائن، وكل شيء، وكل اهتزاز على المستوى المادي له نظير كوكبي، لأن الكون الكوكبي (الجنة) فيه "مخطط للكون المادي. عندما يتوفى كل شخص، وبالرغم من تحرره من الغلاف الجسدي، يبقى مغلفاً بجسم كوكبي من النور (يشبه من حيث المظهر الشكل الأرضي الذي تركه خلفه) وأيضاً بجسم سببي من الفكر؛ ويصعد إلى إحدى مناطق العالم الكوكبي الاهتزازية العديدة ("في بيت أبي منازل عديدة." – يوحنا ٢: ١٤ (لمواصلة تطوره الروحي في الحرية الأكبر التي تتميز بها المنطقة [الأثيرية] الشفافة. ويبقى هناك لفترة تحددها الكارما إلى أن يحين تجسده المادي ثانية. (راجع العودة إلى التجسد reincarnation.)

أوم Om أو Aum: جذر الكلمة السنسكريتية أو بذرة الصوت الذي يرمز إلى ذلك المظهر من الألوهية الذي يخلق ويسند كل الأشياء؛ [وذلك الصوت هو] الاهتزاز الكوني. أوم الفيدات أصبحت الكلمة المقدسة هوم عند التبتيين وآمين عند المسلمين والمصريين والإغريق والرومانيين واليهود والمسيحيين. وتعلن أديان العالم الكبرى أن كل الأشياء

المخلوقة انبثقت من الطاقة الاهتزازية الكونية للكلمة أوم أو آمين، كلمة الروح القدس. "في البدء كان الكلمة، والكلمة كان عند الله، وكان الكلمة الله... كل شيء به كان (الكلمة أو أوم) وبغيره لم يكن شيء مما كان." (يوحنا ١: ١- ٣). آمين في العبرية تعني أكيد، صادق. "هذا يقوله الآمين، الشاهد الأمين الصادق، بداية خليقة الله" (رؤيا ٣: ١٤). ومثلما يصدر الصوت عن اهتزاز محرك شغّال، هكذا يشهد صوت أوم الكلي الوجود بصدقٍ وأمانة لعمل "المحرك الكوني،" الذي يسند كل الحياة وكلّ ذرة في الخليقة عن طريق الطاقة الاهتزازية. في دروس Self-Realization Fellowship (را) يعلّم برمهنسا يوغانندا أساليب التأمل التي تمنح ممارستها اختباراً مباشراً مع الله في مظهر أوم أو الروح القدس. وذلك الاتصال المبارك مع القوة الإلهية غير المنظورة ("المعزي، الذي هو الروح القدس" – يوحنا ١٤ :٢٦) هو في الحقيقية الأساس العلمي للصلاة.

أفاتار avatar: تجسد إلهي؛ من الكلمة السنسكريتية أفاتارا avatara ، حيث يعني الجذر أفا ava "نزول،" و تري tri "عبور." ومن يحقق الاتحاد مع الروحي الإلهي ويعود ثانية إلى الأرض للمساعدة البشرية يدعى "أفاتار"

بهاغافاد غيتا Bhagavad Gita: "نشيد الرب." كتاب هندي قديم مقدس يتألف من ثمانية عشر فصلاً من ملحمة المهابهاراتا. تعتبر الغيتا، التي هي على شكل حوار بين الأفاتار (را) السيد

كريشنا وتلميذه أرجونا عشية معركة كوروكشاترا التاريخية، رسالةً عميقة حول علم اليوغا (التوحد مع الله). والغيتا هي سفر روحي خالد لتحقيق السعادة والنجاح في الحياة اليومية. وعن هذا الكتاب العالمي المقدس كتب المهاتما غاندي: "لا توجد عقدة روحية واحدة تعصى الغيتا عن حلها."

الاقتباسات من البهاغافاد غيتا في نص وحواشي هذا الكتاب هي من ترجمات برمهنسا يوغانندا, التي ترجمها في بعض الأحيان ترجمة حرفية من السنسكريتية، وفي أحيان أخرى قام بإعادة صياغتها.

بهغفان كريشنا Bhagavan Krishna: تجسد إلهي (را) عاش في الهند القديمة في عصور ما قبل العصر المسيحي. من المعاني التي تعطى لكلمة كريشنا في الأسفار الهندوسية "الروح العليمة بكل شيء." وهكذا فإن اللقب كريشنا كلقب المسيح، هو دلالة على السمو الروحي للتجسد الإلهي ــ اتحاده بالله. (راجع وعي المسيح.) واللقب بهغفان يعني "السيد."

الشاكرات chakras: في اليوغا، هي مراكز الحياة والوعي السرية السبعة الموجودة في العمود الفقري والدماغ، والتي تنعش وتنشّط الجسمين المادي والكوكبي في الإنسان. هذه المراكز يشار إليها بـ الشاكرات ("العجلات") لأن الطاقة المركّزة في كل منها تشبه محوراً تنبثق منه أشعة من النور والطاقة المانحة للحياة. وهذه الشاكرات هي بحسب ترتيبها التصاعدي: مولادهارا (العصعصية، في قاعدة العمود

الفقري)؛ سفادهيستانا (العجزية، فوق مولادهارا بمقدار بوصتين)؛ مانيبيورا (القطنية، مقابل موضع السرة)؛ أناهاتا (الظهرية، مقابل القلب)؛ فيشودها (العنقية، عند أسفل الرقبة)؛ آجنا (موضعها التقليدي بين الحاجبين؛ وفي الحقيقة تتصل مباشرة – بواسطة الاستقطاب – بالنخاع المستطيل. راجع أيضاً النخاع المستطيل و العين الروحية)؛ و ساهاسرارا (في الجزء الأعلى من الدماغ).
المراكز السبعة مصممة تصميماً إلهياً لتكون بمثابة "أبواب سرية" انحدرت منها الروح إلى الجسد ويتعين عليها الارتقاء ثانية منها عن طريق عملية التأمل. وبواسطة سبع خطوات متتالية تخرج الروح [من الجسد] وتنطلق إلى الوعي الكوني. وأثناء مرورها الواعي عبر المراكز النخاعية الشوكية السبعة المفتوحة أو "المتيقظة"، تنطلق الروح عبر الطريق السريع إلى اللانهائي، وهو الطريق الحقيقي الذي يجب أن تسير عليه النفس لتتبع مسارها وتتوحد ثانية مع الله.
في العادة، تعتبر رسائل اليوغا المراكزَ الستة السفلى شاكرات، وتشير بشكل منفصل إلى ساهاسرارا على أنها مركز سابع. ومع ذلك، فإن جميع المراكز السبعة يشار إليها عادة بزهور اللوتس التي تتفتح بتلاتها نحو الأعلى، عند اليقظة الروحية حيث ترتفع الحياة مع الوعي صعوداً داخل العمود الفقري.

مركز المسيح Christ center: مركز التركيز والإرادة في الجسم، في النقطة التي بين الحاجبين. مركز وعي المسيح (را) والعين الروحية (را).

وعي المسيح Christ Consciousness: "المسيح" أو "وعي المسيح" هو وعي الله الظاهر والحالّ في كل الخليقة. في الكتاب المقدس المسيحي يدعى "الابن الوحيد،" الانعكاس النقي لله الآب في الكون. وفي الكتاب الهندوسي المقدس يدعى كوتاستا تشايتانيا، عقل الروح الكلي الموجود في كل ركن من الكون. إنه الوعي العالمي، التوحد مع الله، الذي ظهر في يسوع، وكريشنا، وغيرهما من التجسدات الإلهية. القديسون واليوغيون العظام يعرفون هذا الوعي بأنه حالة سمادهي التأمل (را) حيث يتماهى وعيهم مع الذكاء الذي يتخلل كل جزيء من الوجود، ويشعرون بأن الكون بأسره هو جسمهم.

الوعي الكوني Cosmic Consciousness: المطلق اللانهائي؛ الروح الكلي ما وراء الوجود. وأيضاً حالة سمادهي-التأمل للتوحد مع الله خارج وداخل الكون الاهتزازي.

الأم الإلهية Divine Mother: مظهر الله النشط في الوجود. شاكتي، أو قوة الخالق الفائق المتسامي. ومن المصطلحات الأخرى لهذا المظهر الإلهي: الطبيعة أو براكريتي، أوم، الروح القدس، والاهتزاز الكوني الموهوب بالذكاء. وهو أيضاً المظهر الشخصي لله بصورة الأم، الذي يجسّد الصفات الالهية المتمثلة في المحبة والرأفة والرحمة.

تعلّم الأسفار الهندوسية أن الله حالٌّ في الوجود وفائق [ما وراء الوجود]، وهو شخصي ولا شخصي. ويمكن البحث

عنه في مظهره المطلق اللانهائي، أو من خلال إحدى صفاته الأبدية الظاهرة، كالمحبة، والحكمة، والغبطة، والنور، أو بتصوّره كأب سماوي، أو أم كونية، أو صديق إلهي.

حب الذات egoism: مبدأ الذاتية، أهامكارا في اللغة السنسكريتية (وتعني حرفياً: "أنا أفعل")، هو سبب الثنائية أو ما يبدو انفصالاً بين الإنسان وخالقه. حب الذات يضع الكائنات البشرية تحت تأثير مايا (را)، بحيث تتماهى النفس من قبيل الوهم مع قيود ومحدوديات الوعي الجسدي وتنسى اتحادها بالله، الفاعل الأوحد. (راجع الذات.)

غورو guru: معلم روحي. ومع أن كلمة غورو غالباً ما تستخدم من قبيل الخطأ في الإشارة إلى أي مدرس أو مدرب، لكن الغورو أو المعلم الروحي الحاصل على الاستنارة الإلهية قد حقق السيادة الذاتية وأدرك وحدته مع الروح الكلية الوجود. مثل هذا المعلم وحده مؤهل لقيادة الباحث في رحلته أو رحلتها الباطنية نحو المعرفة المقدسة.

كارما karma: تأثيرات الأعمال السابقة، من هذه الحياة أو من حيوات سابقة. من الكلمة السنسكريتية كري kri، يفعل. إن قانون الكارما التوازني هو قانون فعل ورد فعل: سبب ونتيجة، زرع وحصاد. وفي مسار البِر الطبيعي يصبح كل إنسان سيد مصيره بواسطة أفكاره وأفعاله. إن فهم الكارما كناموس العدل الإلهي يحرر عقل الإنسان من السخط على الله والإنسان. وكارما الشخص تتبعه من تجسّد إلى تجسّد

إلى أن يتم الوفاء بها أو تجاوزها روحياً. (راجع العودة إلى التجسد.)

كريشنا Krishna: راجع بهغفان كريشنا.

كريا يوغا Kriya Yoga: علم روحي مقدس، نشأ في الهند منذ آلاف السنين. ويشمل أساليب محددة من التأمل (را) تؤدي ممارستها بإخلاص إلى الحصول على اختبار شخصي مباشر مع الله. كريا، هي شكل من أشكال راجا يوغا (اليوغا "الملكية" أو "الكاملة") وقد أشاد بها كريشنا في البهاغافاد غيتا وكذلك بتانجالي في سترات اليوغا Yoga Sutras. أُعيد إحياء الكريا يوغا في هذا العصر بواسطة مهافاتار باباجي (را) الذي اختار برمهنسا يوغانندا لنشر هذا العلم المقدس على نطاق عالمي ولإنشاء مؤسسة لضمان حفظه في صورته النقية للأجيال القادمة. يتضمن الفصل ٢٦ من مذكرات يوغي *Autobiography of a Yogi* شرحاً لعلم الكريا يوغا ويتم تلقينه للتلاميذ المنتسبين لدروس Self-Realization Fellowship الذين يستوفون متطلبات روحية محددة.

لاهيري مهاسايا Lahiri Mahasaya: لاهيري كان أسم عائلة شياما شاران لاهيري (١٨٢٨-١٨٩٥). مهاسايا، هو لقب ديني سنسكريتي، يعني "الراجح العقل." كان لاهيري مهاسايا تلميذاً لـ مهافاتار باباجي، ومعلماً لـ سوامي سري يوكتسوار (معلم برمهنسا يوغانندا). لاهيري مهاسايا هو الشخص الذي كشف له باباجي عن علم الكريا يوغا (را) القديم الذي كاد

أن يُفقد. لقد كان شخصية مؤثرة في نهضة اليوغا في الهند الحديثة، ومنح التعاليم والبركات لأعداد كبيرة من الباحثين الذين أتوا إليه، دون اعتبار للطبقة [الاجتماعية] أو العقيدة الدينية. لقد كان معلماً شبيهاً بالمسيح وامتلك قوىً عجائبية. كما كان أيضاً رب أسرة، لديه مسؤوليات في مجال العمل، وقد برهن للعالم العصري كيف أن حياة متوازنة على نحو مثالي يمكن أن تجمع بين التأمل والإنجاز الصحيح للواجبات الخارجية. يتضمن كتاب مذكرات يوغي وصفاً لحياة لاهيري مهاسايا.

مهافاتار باباجي Mahavatar Babaji: المهافاتار ("التجسد العظيم") الخالد الذي لقّن لاهيري مهاسايا الكريا يوغا (را) في عام ١٨٦١، وبذلك حفظ للعالم العلم الروحي الذي ضاع على مدى قرون. في مذكرات يوغي المزيد من المعلومات عن حياته ودعوته الروحية. (راجع أفاتار.)

مايا maya: القوة الوهمية الكامنة في الخليقة، والتي بواسطتها يظهر الواحد متعدداً. مايا هي مبدأ النسبية، والتباين، والازدواجية، والانعكاس، والحالات المتضادة. "إبليس" (حرفياً "الضد" في العبرية) هو نفسه الذي ذكره أنبياء العهد، وهو "الشيطان" الذي وصفه السيد المسيح وصفاً رائعاً بأنه "قاتل" و "كذاب،" لأنه "ليس فيه حق" (يوحنا ٨:٤٤).

كتب برمهنسا يوغانندا ما يلي:

الكلمة السنسكريتية مايا تعني "الذي يقيس". إنها القوة السحرية

في الخليقة التي بواسطتها تبدو المحدوديات والتقسيمات موجودة في عديم القياس وغير القابل للانفصال. مايا هي الطبيعة نفسها – العوالم الظاهرة، المتغيرة باستمرار على نقيض الثبات وعدم التغير الإلهي. في الخطة والملهاة الإلهية (ليلا *lila*)، الوظيفة الوحيدة للشيطان أو مايا هي محاولة إبعاد الإنسان من الروح إلى المادة، من الحقيقة إلى الوهم. "إبليس من البدء يخطئ. لأجل هذا أظهر ابن الله لكي ينقض أعمال إبليس" (يوحنا الأولى ٣: ٨). وهذا يعني أن ظهور وعي المسيح، داخل كيان الإنسان، يقضي بسهولة على الأوهام أو "أعمال الشيطان".

"الإنسان قادر على خلق المادة والوعي في عالم الأحلام الوهمي؛ لذلك يجب ألّا يكون من الصعب عليه أن يدرك أن الروح، باستخدامها قوة مايا، قد خلقت للإنسان عالماً من أحلام 'الحياة' أو الوجود الواعي هو في جوهره غير حقيقي (لأنه قصير الأجل، سريع الزوال، ومتغير على الدوام) تماماً كاختبارات الإنسان في حالة الأحلام... الإنسان في مظهره البشري يحلم بالثنائيات والتناقضات – الحياة والموت، الصحة والمرض، السعادة والحزن؛ ولكنه عندما يستيقظ في الوعي الروحي تختفي كل الثنائيات ويعرف نفسه بأنه الروح الأبدي والمغمور بالبهجة والنعيم.

التأمل meditation: التركيز على الله. بالمعنى العام، يستخدم هذا المصطلح في إشارة إلى ممارسة أي أسلوب لتوجيه الانتباه نحو الداخل وتركيزه على أي مظهر من مظاهر

الله. وفي المعنى المحدد، يشير التأمل إلى النتيجة النهائية للممارسة الناجحة لمثل هذه الأساليب: اختبار الله مباشرة عن طريق الإدراك الحدسي. إنه الخطوة السابعة (دهايانا) من طريق اليوغا ذي الثمان درجات الذي شرحه بتانجالي، ويتم تحقيق ذلك فقط بعد بلوغ المتأمِّل حالة التركيز الداخلي الثابت، بحيث تعجز الانطباعات الحسية بالكامل عن مضايقته أو تشتيت انتباهه. وفي أعمق حالات التأمل يختبر الشخص الخطوة الثامنة من طريق اليوغا: سمادهي (را)، التواصل مع الله والاتحاد به. (راجع اليوغا أيضاً.)

النخاع المستطيل medulla: النقطة الرئيسية التي تدخل منها قوة الحياة (برانا) إلى الجسم. النخاع المستطيل هو موضع المركز النخاعي الشوكي السادس، والذي وظيفته هي استقبال وتوزيع تدفق الطاقة الكونية إلى الجسم. يتم اختزان قوة الحياة في المركز السابع (ساهاسرارا)، في الجزء الأعلى من الدماغ. ومن ذلك المستودع يتم توزيعها إلى كافة أقسام الجسم. مركز النخاع المستطيل الشفاف هو مفتاح التشغيل الرئيسي الذي يتحكم بدخول وتخزين وتوزيع قوة الحياة.

برمهنسا paramahamsa: لقب روحي دلالة على الإنسان الذي بلغ أسمى حالة من التواصل غير المنقطع مع الله. ولا يمكن أن يمنحه سوى معلم روحي حقيقي لتلميذ مؤهل. لقد منح سوامي سري يوكتسوار اللقب لتلميذه المحبوب يوغانندا في عام ١٩٣٥. والمعنى الحرفي لـ برمهنسا هو "الإوزة

السامية." ففي الأسفار الهندوسية المقدسة، ترمز الـ هنسا أو الإوزة إلى التمييز الروحي.

برانا prana: طاقة الحياة أو قوة الحياة. هي طاقة أكثر شفافية من الطاقة الذرية؛ وهي مبدأ الحياة بالنسبة للكون المادي والمادة الأساسية للعالم الكوكبي (را). في العالم المادي نوعان من برانا: (١) الطاقة الكونية الاهتزازية الموجودة في كل مكان في الكون، والتي تقوم ببناء وإعالة كل الأشياء؛ (٢) البرانا المحددة أو الطاقة التي تتخلل وتعيل كل جسم بشري.

راجا يوغا Raja Yoga: الطريق "الملكي" أو الدرب الأسمى للاتحاد بالله. إنها تعلّم التأمل العلمي (را) بصفته الوسيلة النهاية لمعرفة الله، وتتضمن أسمى العناصر الجوهرية الموجودة في كل أشكال اليوغا الأخرى. تحدد تعاليم راجا يوغا نمط حياة يقود إلى تفتّح كامل للجسم، والعقل، والنفس، على أساس تأمل كريا يوغا (را). راجع يوغا.

العودة إلى التجسد reincarnation: تقول هذه العقيدة إن ناموس التطور سيضطر البشر للعودة إلى التجسد مراراً وتكراراً، في مستويات أعلى تدريجياً — تعيق تقدمهم الأفعال والرغبات الخاطئة، وتساعد الجهود الروحية على تقدمهم — إلى أن يبلغوا معرفة الذات ويتوحدوا مع الله. وإذ تتجاوز النفس القيود والمحدوديات وتتحرر من النقائص التي تشوب الوعي الخلقي، تتحرر للأبد من العودة الاضطرارية إلى التجسد. "من يغلب فسأجعله عموداً في هيكل إلهي ولا يعود

يخرج إلى خارج" (رؤيا ٣: ١٢).
إن مفهوم العودة إلى التجسد لا يقتصر على الفلسفة الشرقية وحسب، إذ اعتبرته العديد من الحضارات القديمة حقيقة جوهرية من حقائق الحياة. لقد تقبّلت الكنيسة المسيحية الأولى فكرة العودة إلى التجسّد التي شرحها العارفون والعديد من آباء الكنيسة بمن فيهم كليمنص الإسكندري وأوريجانوس، والقديس جيروم. ولم يتم حذف العقيدة رسمياً من تعاليم الكنيسة إلّا عند انعقاد المجلس المسكوني الثاني سنة ٥٥٣ للميلاد. يوجد اليوم العديد من المفكرين الغربيين الذين بدأوا في تبني مفهوم قانون الكارما (را) والعودة إلى التجسد، لإدراكهم أنه يتضمن شرحاً شاملاً ومطمْئناً لما يبدو عدم مساواة في الحياة.

سمادهي samadhi: نشوة روحية؛ اختبار الوعي السامي؛ والنتيجة الختامية هي التوحد مع الله بصفته الحقيقة العظمى ذات الوجود الكلي. (راجع الوعي السامي واليوغا).

الذات Self: تكتب [باللغة الإنكليزية] بهذه الصيغة للدلالة على الأتمن أو النفس، الجوهر المقدس في الإنسان، تمييزاً عن الذاتية العادية، والتي هي الشخصية البشرية أو الأنا. الذات هي روح فردية، وطبيعتها الجوهرية هي غبطة دائمة الوجود، ودائمة الوعي، ومتجددة على الدوام. الذات [الحقيقية] أو النفس هي في الإنسان ينبوع المحبة، والحكمة، والسلام، والشجاعة، والتعاطف، وكل المزايا المقدسة الأخرى.

معرفة الذات Self-realization: لقد عرّف برمهنسا يوغانندا معرفة الذات على النحو التالي:
"معرفة الذات هي العلم – جسداً وعقلاً وروحاً – بأننا واحد مع وجود الله الكلي، وأنه لا يتوجب علينا الابتهال كي نحصل على تلك المعرفة. فنحن لسنا قريبين من ذلك الوجود وحسب، بل إن وجود الله الكلي هو وجودنا الكلي أيضاً، وإننا قريبون منه الآن بنفس الدرجة التي سنكون بها قريبين منه في أي وقت آخر، وما علينا إلا أن نحسّن معرفتنا."

Self-Realization Fellowship: المؤسسة التي أنشأها برمهنسا يوغانندا في الولايات المتحدة في سنة ١٩٢٠ (وكان قد أسسها سنة ١٩١٧ في الهند تحت اسم جماعة يوغودا ساتسانغا Yogoda Satsanga Society) لنشر – على نطاق عالمي – المبادئ الروحية وأساليب تأمل الكريا يوغا (را). (راجع "نبذة عن المؤلف،" على الصفحة ٢٥٧.) لقد أوضح برمهنسا يوغانندا أن اسم Self-Realization Fellowship يعني "صحبة الله عن طريق معرفة الذات، ومصادقة جميع النفوس الباحثة عن الحقيقة." (راجع أيضاً "الأهداف والمثل العليا لـ Self-Realization Fellowship"، على الصفحة ٢٦٥.

دروس Self-Realization Fellowship: تعاليم برمهنسا يوغانندا، تم تجميعها في سلسلة شاملة من الدروس للدراسة المنزلية وإتاحتها للباحثين المخلصين عن الحقيقة في جميع أنحاء العالم. تحتوي هذه الدروس على طرق اليوغا الخاصة

بالتأمل التي علّمها برمهنسا يوغانندا، بما في ذلك كريا يوغا بالنسبة لأولئك الذين يستوفون متطلبات معينة. تتوفر معلومات عن الدروس عند الطلب من المقر العالمي لـ Self-Realization Fellowship.

العين الروحية Spiritual eye: العين الواحدة: عين البصيرة والإدراك الكلي في مركز المسيح (كوتاستا) (را). وهي (أجنا شاكرا) بين الحاجبين؛ المدخل إلى حالات الوعي الإلهي النهائية. لقد أشار يسوع إلى النور الإلهي الذي يُلاحظ عن طريق العين الروحية عندما قال: "فإن كانت عينك واحدة if thine eye is single. كان جسدك كله منيراً، فانتبه لئلا يصير النور الذي فيك ظلاماً." (لوقا ١١: ٣٤-٣٥).

سري يوكتسوار، سوامي Sri Yukteswar, Swami: (١٨٥٥-١٩٣٦). معلم شبيه بالمسيح في الهند الحديثة؛ المعلم العظيم لبرمهنسا يوغانندا ومؤلف كتاب العلم المقدس *The Holy Science*، الذي يعتبر دراسة بحثية حول الوحدة الأساسية للأسفار المقدسة المسيحية والهندوسية. يتضمن كتاب برمهنسا يوغانندا مذكرات يوغي *Autobiography of a Yogi* وصفاً لحياة سري يوكتسوارجي.

الوعي السامي superconsciousness: وعي النفس النقي، البديهي، الكلي الرؤية، والدائم الغبطة. أحياناً يشير المصطلح بشكل عام إلى الحالات المتنوعة من التواصل مع الله والتي يتم اختبارها في التأمل، ولكن يشير تحديداً إلى الحالة الأولية،

حيث يتخطى الشخص وعي الأنا ويدرك ذاته كنفس مخلوقة على صورة الله. بعد ذلك يختبر حالتيّ الإدراك الأسمى: وعي المسيح والوعي الكوني (را).

يوغا Yoga: من الكلمة السنسكريتية يوج yuj، "الاتحاد." يوغا تعني اتحاد النفس الفردية مع الروح الكلية. وتعني أيضاً الأساليب التي باستخدامها يمكن تحقيق هذه الغاية. هناك أنواع متعددة من أساليب اليوغا؛ الأسلوب الذي تلقنه Self-Realization Fellowship هو راجا يوغا، أو اليوغا "الملكية" أو "الكاملة" التي علّمها بهغفان كريشنا في البهاغافاد غيتا. لقد حدد الحكيم بتانجالي، أبرز شارحي اليوغا، الخطوات الثماني التي بواسطتها يمكن للراجا يوغي بلوغ حالة السمادهي، أو الاتحاد بالله. هذه الخطوات هي (١) ياما، السلوك الخلقي؛ (٢) نياما، مراعاة الواجبات الدينية؛ (٣) آسانا، وضعية الجلوس الصحيحة لتهدئة الاضطراب الجسدي؛ (٤) براناياما، السيطرة على برانا، تيارات الحياة الشفافة؛ (٥) براتياهارا، توجيه العقل نحو الداخل؛ (٦) دهارانا، التركيز؛ (٧) دهايانا، التأمل؛ و (٨) سمادهي، اختبار الوعي السامي.

يوغي yogi: ممارس اليوغا (را). يمكن أن يكون (لكلا الجنسين) متزوجاً أو غير متزوج؛ صاحب مسؤوليات دنيوية أو ناذراً نذوراً دينية رسمية.

جماعة يوغودا ساتسانغا في الهند Yogoda Satsanga Society

of Inda: الاسم الذي تُعرف به مؤسسة برمهنسا يوغانندا في الهند. أُنشئت المؤسسة في عام ١٩١٧. ويقع مقرها الرئيسي، يوغودا ماث، على ضفاف نهر الغانج في داكشينسوار، بالقرب من كالكوتا، ولها مقر فرعي في رانشي، جهارخاند. وبالإضافة إلى مراكز ومجموعات التأمل في كافة أنحاء الهند، لمؤسسة يوغودا ساتسانغا سبعة عشر معهداً تربوياً، من الصفوف الابتدائية وحتى المستوى الجامعي. لقد ابتكر برمهنسا يوغانندا كلمة يوغودا yogoda المشتقة من كلمة يوغا، "الاتحاد، التناغم، التوازن"؛ والكلمة دا، "الذي يمنح أو يضفي." أما ساتسانغا فتعني "الصحبة المقدسة،" أو "مصاحبة الحق." وبالنسبة للغرب، ترجم برمهنساجي الاسم الهندي إلى "Self-Realization Fellowship" (را).